TSJECHISCH
WOORDENSCHAT

THEMATISCHE WOORDENLIJST

NEDERLANDS TSJECHISCH

De meest bruikbare woorden
Om uw woordenschat uit te breiden en
uw taalvaardigheid aan te scherpen

5000 woorden

Thematische woordenschat Nederlands-Tsjechisch - 5000 woorden
Door Andrey Taranov

Woordenlijsten van T&P Books zijn bedoeld om u woorden van een vreemde taal te helpen leren, onthouden, en bestudering. Dit woordenboek is ingedeeld in thema's en behandelt alle belangrijk terreinen van het dagelijkse leven, bedrijven, wetenschap, cultuur, etc.

Het proces van het leren van woorden met behulp van de op thema's gebaseerde aanpak van T&P Books biedt u de volgende voordelen:

- Correct gegroepeerde informatie is bepalend voor succes bij opeenvolgende stadia van het leren van woorden
- De beschikbaarheid van woorden die van dezelfde stam zijn maakt het mogelijk om woordgroepen te onthouden (in plaats van losse woorden)
- Kleine groepen van woorden faciliteren het proces van het aanmaken van associatieve verbindingen, die nodig zijn bij het consolideren van de woordenschat
- Het niveau van talenkennis kan worden ingeschat door het aantal geleerde woorden

Copyright © 2018 T&P Books Publishing

Alle rechten voorbehouden. Niets uit deze uitgave mag worden verveelvoudigd, opgeslagen in een geautomatiseerd gegevensbestand en/of openbaar gemaakt in enige vorm of op enige wijze, hetzij elektronisch, mechanisch, door fotokopieën, opnamen of op enige andere manier zonder voorafgaande schriftelijke toestemming van de uitgever. U mag dit boek niet verspreiden in welk formaat dan ook.

T&P Books Publishing
www.tpbooks.com

ISBN: 978-1-78492-364-8

Dit boek is ook beschikbaar in e-boek formaat.
Gelieve www.tpbooks.com te bezoeken of de belangrijkste online boekwinkels.

TSJECHISCHE WOORDENSCHAT
nieuwe woorden leren

T&P Books woordenlijsten zijn bedoeld om u te helpen vreemde woorden te leren, te onthouden, en te bestuderen. De woordenschat bevat meer dan 5000 veel gebruikte woorden die thematisch geordend zijn.

- De woordenlijst bevat de meest gebruikte woorden
- Aanbevolen als aanvulling bij welke taalcursus dan ook
- Voldoet aan de behoeften van de beginnende en gevorderde student in vreemde talen
- Geschikt voor dagelijks gebruik, bestudering en zelftestactiviteiten
- Maakt het mogelijk om uw woordenschat te evalueren

Bijzondere kenmerken van de woordenschat

- De woorden zijn gerangschikt naar hun betekenis, niet volgens alfabet
- De woorden worden weergegeven in drie kolommen om bestudering en zelftesten te vergemakkelijken
- Woorden in groepen worden verdeeld in kleine blokken om het leerproces te vergemakkelijken
- De woordenschat biedt een handige en eenvoudige beschrijving van elk buitenlands woord

De woordenschat bevat 155 onderwerpen zoals:

Basisconcepten, getallen, kleuren, maanden, seizoenen, meeteenheden, kleding en accessoires, eten & voeding, restaurant, familieleden, verwanten, karakter, gevoelens, emoties, ziekten, stad, dorp, bezienswaardigheden, winkelen, geld, huis, thuis, kantoor, werken op kantoor, import & export, marketing, werk zoeken, sport, onderwijs, computer, internet, gereedschap, natuur, landen, nationaliteiten en meer ...

INHOUDSOPGAVE

Uitspraakgids	9
Afkortingen	10

BASISBEGRIPPEN	12
Basisbegrippen Deel 1	12
1. Voornaamwoorden	12
2. Begroetingen. Begroetingen. Afscheid	12
3. Hoe aan te spreken	13
4. Kardinale getallen. Deel 1	13
5. Kardinale getallen. Deel 2	14
6. Ordinale getallen	15
7. Getallen. Breuken	15
8. Getallen. Eenvoudige berekeningen	15
9. Getallen. Diversen	15
10. De belangrijkste werkwoorden. Deel 1	16
11. De belangrijkste werkwoorden. Deel 2	17
12. De belangrijkste werkwoorden. Deel 3	18
13. De belangrijkste werkwoorden. Deel 4	19
14. Kleuren	20
15. Vragen	20
16. Voorzetsels	21
17. Functiewoorden. Bijwoorden. Deel 1	21
18. Functiewoorden. Bijwoorden. Deel 2	23

Basisbegrippen Deel 2	25
19. Dagen van de week	25
20. Uren. Dag en nacht	25
21. Maanden. Seizoenen	26
22. Meeteenheden	28
23. Containers	29

MENS	30
Mens. Het lichaam	30
24. Hoofd	30
25. Menselijk lichaam	31

Kleding en accessoires	32
26. Bovenkleding. Jassen	32
27. Heren & dames kleding	32

28. Kleding. Ondergoed	33
29. Hoofddeksels	33
30. Schoeisel	33
31. Persoonlijke accessoires	34
32. Kleding. Diversen	34
33. Persoonlijke verzorging. Schoonheidsmiddelen	35
34. Horloges. Klokken	36

Voedsel. Voeding 37

35. Voedsel	37
36. Drankjes	38
37. Groenten	39
38. Vruchten. Noten	40
39. Brood. Snoep	41
40. Bereide gerechten	41
41. Kruiden	42
42. Maaltijden	43
43. Tafelschikking	43
44. Restaurant	44

Familie, verwanten en vrienden 45

45. Persoonlijke informatie. Formulieren	45
46. Familieleden. Verwanten	45

Geneeskunde 47

47. Ziekten	47
48. Symptomen. Behandelingen. Deel 1	48
49. Symptomen. Behandelingen. Deel 2	49
50. Symptomen. Behandelingen. Deel 3	50
51. Artsen	51
52. Geneeskunde. Medicijnen. Accessoires	51

HET MENSELIJKE LEEFGEBIED 52
Stad 52

53. Stad. Het leven in de stad	52
54. Stedelijke instellingen	53
55. Borden	54
56. Stedelijk vervoer	55
57. Bezienswaardigheden	56
58. Winkelen	57
59. Geld	58
60. Post. Postkantoor	59

Woning. Huis. Thuis 60

61. Huis. Elektriciteit	60

62. Villa. Herenhuis	60
63. Appartement	60
64. Meubels. Interieur	61
65. Beddengoed	62
66. Keuken	62
67. Badkamer	63
68. Huishoudelijke apparaten	64

MENSELIJKE ACTIVITEITEN   65
Baan. Business. Deel 1   65

69. Kantoor. Op kantoor werken	65
70. Bedrijfsprocessen. Deel 1	66
71. Bedrijfsprocessen. Deel 2	67
72. Productie. Werken	68
73. Contract. Overeenstemming	69
74. Import & Export	70
75. Financiën	70
76. Marketing	71
77. Reclame	71
78. Bankieren	72
79. Telefoon. Telefoongesprek	73
80. Mobiele telefoon	73
81. Schrijfbehoeften	74
82. Soorten bedrijven	74

Baan. Business. Deel 2   77

83. Show. Tentoonstelling	77
84. Wetenschap. Onderzoek. Wetenschappers	78

Beroepen en ambachten   79

85. Zoeken naar werk. Ontslag	79
86. Zakenmensen	79
87. Dienstverlenende beroepen	80
88. Militaire beroepen en rangen	81
89. Ambtenaren. Priesters	82
90. Agrarische beroepen	82
91. Kunst beroepen	83
92. Verschillende beroepen	83
93. Beroepen. Sociale status	85

Onderwijs   86

94. School	86
95. Hogeschool. Universiteit	87
96. Wetenschappen. Disciplines	88
97. Schrift. Spelling	88
98. Vreemde talen	89

Rusten. Entertainment. Reizen		91
99.	Trip. Reizen	91
100.	Hotel	91

TECHNISCHE APPARATUUR. VERVOER 93
Technische apparatuur 93

101.	Computer	93
102.	Internet. E-mail	94
103.	Elektriciteit	95
104.	Gereedschappen	95

Vervoer 98

105.	Vliegtuig	98
106.	Trein	99
107.	Schip	100
108.	Vliegveld	101

Gebeurtenissen in het leven 103

109.	Vakanties. Evenement	103
110.	Begrafenissen. Begrafenis	104
111.	Oorlog. Soldaten	104
112.	Oorlog. Militaire acties. Deel 1	105
113.	Oorlog. Militaire acties. Deel 2	107
114.	Wapens	108
115.	Oude mensen	110
116.	Middeleeuwen	110
117.	Leider. Baas. Autoriteiten	112
118.	De wet overtreden. Criminelen. Deel 1	113
119.	De wet overtreden. Criminelen. Deel 2	114
120.	Politie. Wet. Deel 1	115
121.	Politie. Wet. Deel 2	116

NATUUR 118
De Aarde. Deel 1 118

122.	De kosmische ruimte	118
123.	De Aarde	119
124.	Windrichtingen	120
125.	Zee. Oceaan	120
126.	Namen van zeeën en oceanen	121
127.	Bergen	122
128.	Bergen namen	123
129.	Rivieren	123
130.	Namen van rivieren	124
131.	Bos	124
132.	Natuurlijke hulpbronnen	125

De Aarde. Deel 2 — 127

133. Weer — 127
134. Zwaar weer. Natuurrampen — 128

Fauna — 129

135. Zoogdieren. Roofdieren — 129
136. Wilde dieren — 129
137. Huisdieren — 130
138. Vogels — 131
139. Vis. Zeedieren — 133
140. Amfibieën. Reptielen — 133
141. Insecten — 134

Flora — 135

142. Bomen — 135
143. Heesters — 135
144. Vruchten. Bessen — 136
145. Bloemen. Planten — 136
146. Granen, graankorrels — 138

LANDEN. NATIONALITEITEN — 139

147. West-Europa — 139
148. Centraal- en Oost-Europa — 139
149. Voormalige USSR landen — 140
150. Azië — 140
151. Noord-Amerika — 141
152. Midden- en Zuid-Amerika — 141
153. Afrika — 142
154. Australië. Oceanië — 142
155. Steden — 142

UITSPRAAKGIDS

T&P fonetisch alfabet	Tsjechisch voorbeeld	Nederlands voorbeeld
[a]	lavina [lavɪna]	acht
[aː]	banán [banaːn]	aan, maart
[e]	beseda [bɛsɛda]	delen, spreken
[ɛː]	chléb [xlɛːp]	zwemmen, existeren
[ɪ]	Bible [bɪblɛ]	iemand, die
[iː]	chudý [xudiː]	team, portier
[o]	epocha [ɛpoxa]	overeenkomst
[oː]	diagnóza [dɪagnoːza]	rood, knoop
[u]	dokument [dokumɛnt]	hoed, doe
[uː]	chůva [xuːva]	fuut, uur
[b]	babička [babɪt͡ʃka]	hebben
[t͡s]	celnice [t͡sɛlnɪt͡sɛ]	niets, plaats
[t͡ʃ]	vlčák [vlt͡ʃaːk]	Tsjechië, cello
[x]	archeologie [arxɛologɪe]	licht, school
[d]	delfín [dɛlfiːn]	Dank u, honderd
[dʲ]	Holanďan [holandʲan]	paadje, haarspeldje
[f]	atmosféra [atmosfɛːra]	feestdag, informeren
[g]	galaxie [galaksɪe]	goal, tango
[h]	knihovna [knɪhovna]	het, herhalen
[j]	jídlo [jiːdlo]	New York, januari
[k]	zaplakat [zaplakat]	kennen, kleur
[l]	chlapec [xlapɛt͡s]	delen, luchter
[m]	modelář [modɛlaːrʃ]	morgen, etmaal
[n]	imunita [ɪmunɪta]	nemen, zonder
[nʲ]	báseň [baːsɛnʲ]	cognac, nieuw
[ŋk]	vstupenka [vstupɛŋka]	slank, herdenken
[p]	poločas [polot͡ʃas]	parallel, koper
[r]	senátor [sɛnaːtor]	roepen, breken
[rʒ], [rʃ]	bouřka [bourʃka]	garage, journalist, Engels - pleasure
[s]	svoboda [svoboda]	spreken, kosten
[ʃ]	šiška [ʃɪʃka]	shampoo, machine
[t]	turista [turɪsta]	tomaat, taart
[tʲ]	poušť [pouʃtʲ]	kaartje, turkoois
[v]	veverka [vɛvɛrka]	beloven, schrijven
[z]	zapomínat [zapomiːnat]	zeven, zesde
[ʒ]	ložisko [loʒɪsko]	journalist, rouge

AFKORTINGEN
gebruikt in de woordenschat

Nederlandse afkortingen

abn	-	als bijvoeglijk naamwoord
bijv.	-	bijvoorbeeld
bn	-	bijvoeglijk naamwoord
bw	-	bijwoord
enk.	-	enkelvoud
enz.	-	enzovoort
form.	-	formele taal
inform.	-	informele taal
mann.	-	mannelijk
mil.	-	militair
mv.	-	meervoud
on.ww.	-	onovergankelijk werkwoord
ontelb.	-	ontelbaar
ov.	-	over
ov.ww.	-	overgankelijk werkwoord
telb.	-	telbaar
vn	-	voornaamwoord
vrouw.	-	vrouwelijk
vw	-	voegwoord
vz	-	voorzetsel
wisk.	-	wiskunde
ww	-	werkwoord

Nederlandse artikelen

de	-	gemeenschappelijk geslacht
de/het	-	gemeenschappelijk geslacht, onzijdig
het	-	onzijdig

Tsjechische afkortingen

ž	-	vrouwelijk zelfstandig naamwoord
ž mn	-	vrouwelijk meervoud
m	-	mannelijk zelfstandig naamwoord
m mn	-	mannelijk meervoud
m, ž	-	mannelijk, vrouwelijk

mn	-	meervoud
s	-	onzijdig
s mn	-	onzijdig meervoud

BASISBEGRIPPEN

Basisbegrippen Deel 1

1. Voornaamwoorden

ik	já	[ja:]
jij, je	ty	[tɪ]
hij	on	[on]
zij, ze	ona	[ona]
wij, we	my	[mɪ]
jullie	vy	[vɪ]
zij, ze (levenloos)	ony	[onɪ]
zij, ze (levend)	oni	[onɪ]

2. Begroetingen. Begroetingen. Afscheid

Hallo! Dag!	Dobrý den!	[dobri: dɛn]
Hallo!	Dobrý den!	[dobri: dɛn]
Goedemorgen!	Dobré jitro!	[dobrɛ: jɪtro]
Goedemiddag!	Dobrý den!	[dobri: dɛn]
Goedenavond!	Dobrý večer!	[dobri: vɛtʃɛr]
gedag zeggen (groeten)	zdravit	[zdravɪt]
Hoi!	Ahoj!	[ahoj]
groeten (het)	pozdrav (m)	[pozdraf]
verwelkomen (ww)	zdravit	[zdravɪt]
Hoe gaat het?	Jak se máte?	[jak sɛ ma:tɛ]
Is er nog nieuws?	Co je nového?	[tso jɛ novɛ:ho]
Dag! Tot ziens!	Na shledanou!	[na sxlɛdanou]
Tot snel! Tot ziens!	Brzy na shledanou!	[brzɪ na sxlɛdanou]
Vaarwel!	Sbohem!	[zbohɛm]
afscheid nemen (ww)	loučit se	[loutʃɪt sɛ]
Tot kijk!	Ahoj!	[ahoj]
Dank u!	Děkuji!	[dekujɪ]
Dank u wel!	Děkuji mnohokrát!	[dekujɪ mnohokra:t]
Graag gedaan	Prosím	[prosi:m]
Geen dank!	Nemoci se dočkat	[nɛmotsɪ sɛ dotʃkat]
Geen moeite.	Není zač	[nɛni: zatʃ]
Excuseer me, ... (inform.)	Promiň!	[promɪnʲ]
Excuseer me, ... (form.)	Promiňte!	[promɪnʲtɛ]
excuseren (verontschuldigen)	omlouvat	[omlouvat]

zich verontschuldigen	omlouvat se	[omlouvat sɛ]
Mijn excuses.	Má soustrast	[ma: soustrast]
Het spijt me!	Promiňte!	[promɪnʲtɛ]
vergeven (ww)	omlouvat	[omlouvat]
alsjeblieft	prosím	[prosi:m]
Vergeet het niet!	Nezapomeňte!	[nɛzapomɛnʲtɛ]
Natuurlijk!	Jistě!	[jɪste]
Natuurlijk niet!	Rozhodně ne!	[rozhodne nɛ]
Akkoord!	Souhlasím!	[souhlasi:m]
Zo is het genoeg!	Dost!	[dost]

3. Hoe aan te spreken

meneer	Pane	[panɛ]
mevrouw	Paní	[pani:]
juffrouw	Slečno	[slɛtʃno]
jongeman	Mladý muži	[mladi: muʒɪ]
jongen	Chlapče	[xlaptʃɛ]
meisje	Děvče	[devtʃɛ]

4. Kardinale getallen. Deel 1

nul	nula (ž)	[nula]
een	jeden	[jɛdɛn]
twee	dva	[dva]
drie	tři	[trʃɪ]
vier	čtyři	[tʃtɪrʒɪ]
vijf	pět	[pet]
zes	šest	[ʃɛst]
zeven	sedm	[sɛdm]
acht	osm	[osm]
negen	devět	[dɛvet]
tien	deset	[dɛsɛt]
elf	jedenáct	[jɛdɛna:tst]
twaalf	dvanáct	[dvana:tst]
dertien	třináct	[trʃɪna:tst]
veertien	čtrnáct	[tʃtrna:tst]
vijftien	patnáct	[patna:tst]
zestien	šestnáct	[ʃɛstna:tst]
zeventien	sedmnáct	[sɛdmna:tst]
achttien	osmnáct	[osmna:tst]
negentien	devatenáct	[dɛvatɛna:tst]
twintig	dvacet	[dvatsɛt]
eenentwintig	dvacet jeden	[dvatsɛt jɛdɛn]
tweeëntwintig	dvacet dva	[dvatsɛt dva]
drieëntwintig	dvacet tři	[dvatsɛt trʃɪ]
dertig	třicet	[trʃɪtsɛt]

eenendertig	třicet jeden	[trʃɪtsɛt jɛdɛn]
tweeëndertig	třicet dva	[trʃɪtsɛt dva]
drieëndertig	třicet tři	[trʃɪtsɛt trʃɪ]

veertig	čtyřicet	[tʃtɪrʒɪtsɛt]
eenenveertig	čtyřicet jeden	[tʃtɪrʒɪtsɛt jɛdɛn]
tweeënveertig	čtyřicet dva	[tʃtɪrʒɪtsɛt dva]
drieënveertig	čtyřicet tři	[tʃtɪrʒɪtsɛt trʃɪ]

vijftig	padesát	[padesa:t]
eenenvijftig	padesát jeden	[padesa:t jɛdɛn]
tweeënvijftig	padesát dva	[padesa:t dva]
drieënvijftig	padesát tři	[padesa:t trʃɪ]

zestig	šedesát	[ʃɛdɛsa:t]
eenenzestig	šedesát jeden	[ʃɛdɛsa:t jɛdɛn]
tweeënzestig	šedesát dva	[ʃɛdɛsa:t dva]
drieënzestig	šedesát tři	[ʃɛdɛsa:t trʃɪ]

zeventig	sedmdesát	[sɛdmdɛsa:t]
eenenzeventig	sedmdesát jeden	[sɛdmdɛsa:t jɛdɛn]
tweeënzeventig	sedmdesát dva	[sɛdmdɛsa:t dva]
drieënzeventig	sedmdesát tři	[sɛdmdɛsa:t trʃɪ]

tachtig	osmdesát	[osmdɛsa:t
eenentachtig	osmdesát jeden	[osmdɛsa:t jɛdɛn]
tweeëntachtig	osmdesát dva	[osmdɛsa:t dva]
drieëntachtig	osmdesát tři	[osmdɛsa:t trʃɪ]

negentig	devadesát	[dɛvadɛsa:t
eenennegentig	devadesát jeden	[dɛvadɛsa:t jɛdɛn]
tweeënnegentig	devadesát dva	[dɛvadɛsa:t dva]
drieënnegentig	devadesát tři	[dɛvadɛsa:t trʃɪ]

5. Kardinale getallen. Deel 2

honderd	sto	[sto]
tweehonderd	dvě stě	[dve ste]
driehonderd	tři sta	[trʃɪ sta]
vierhonderd	čtyři sta	[tʃtɪrʒɪ sta]
vijfhonderd	pět set	[pet sɛt]

zeshonderd	šest set	[ʃɛst sɛt]
zevenhonderd	sedm set	[sɛdm sɛt]
achthonderd	osm set	[osm sɛt]
negenhonderd	devět set	[dɛvet sɛt]

duizend	tisíc (m)	[tɪsi:ts]
tweeduizend	dva tisíce	[dva tɪsi:tsɛ]
drieduizend	tři tisíce	[trʃɪ tɪsi:tsɛ]
tienduizend	deset tisíc	[dɛsɛt tɪsi:ts]
honderdduizend	sto tisíc	[sto tɪsi:ts]
miljoen (het)	milión (m)	[mɪlɪo:n]
miljard (het)	miliarda (ž)	[mɪlɪarda]

6. Ordinale getallen

eerste (bn)	první	[prvni:]
tweede (bn)	druhý	[druhi:]
derde (bn)	třetí	[trʃeti:]
vierde (bn)	čtvrtý	[tʃtvrti:]
vijfde (bn)	pátý	[pa:ti:]
zesde (bn)	šestý	[ʃɛsti:]
zevende (bn)	sedmý	[sɛdmi:]
achtste (bn)	osmý	[osmi:]
negende (bn)	devátý	[dɛva:ti:]
tiende (bn)	desátý	[dɛsa:ti:]

7. Getallen. Breuken

breukgetal (het)	zlomek (m)	[zlomɛk]
half	polovina (ž)	[polovɪna]
een derde	třetina (ž)	[trʃetɪna]
kwart	čtvrtina (ž)	[tʃtvrtɪna]
een achtste	osmina (ž)	[osmɪna]
een tiende	desetina (ž)	[dɛsetɪna]
twee derde	dvě třetiny (ž)	[dve trʃetɪnɪ]
driekwart	tři čtvrtiny (ž)	[trʃɪ tʃtvrtɪnɪ]

8. Getallen. Eenvoudige berekeningen

aftrekking (de)	odčítání (s)	[odtʃi:ta:ni:]
aftrekken (ww)	odčítat	[odtʃi:tat]
deling (de)	dělení (s)	[delɛni:]
delen (ww)	dělit	[delɪt]
optelling (de)	sčítání (s)	[stʃi:ta:ni:]
erbij optellen	sečíst	[sɛtʃi:st]
(bij elkaar voegen)		
optellen (ww)	přidávat	[prʃɪda:vat]
vermenigvuldiging (de)	násobení (s)	[na:sobɛni:]
vermenigvuldigen (ww)	násobit	[na:sobɪt]

9. Getallen. Diversen

cijfer (het)	číslice (ž)	[tʃi:slɪtsɛ]
nummer (het)	číslo (s)	[tʃi:slo]
telwoord (het)	číslovka (ž)	[tʃi:slofka]
minteken (het)	minus (m)	[mi:nus]
plusteken (het)	plus (m)	[plus]
formule (de)	vzorec (m)	[vzorɛts]
berekening (de)	vypočítávání (s)	[vɪpotʃi:ta:va:ni:]

tellen (ww)	počítat	[potʃiːtat]
bijrekenen (ww)	vypočítávat	[vɪpotʃiːtaːvat]
vergelijken (ww)	srovnávat	[srovnaːvat]

Hoeveel?	Kolik?	[kolɪk]
som (de), totaal (het)	součet (m)	[soutʃɛt]
uitkomst (de)	výsledek (m)	[viːslɛdɛk]
rest (de)	zůstatek (m)	[zuːstatɛk]

enkele (bijv. ~ minuten)	několik	[nekolɪk]
weinig (bw)	málo	[maːlo]
restant (het)	zbytek (m)	[zbɪtɛk]
anderhalf	půl druhého	[puːl druhɛːho]
dozijn (het)	tucet (m)	[tutsɛt]

middendoor (bw)	napolovic	[napolovɪts]
even (bw)	stejně	[stɛjne]
helft (de)	polovina (ž)	[polovɪna]
keer (de)	krát	[kraːt]

10. De belangrijkste werkwoorden. Deel 1

aanbevelen (ww)	doporučovat	[doporutʃovat]
aandringen (ww)	trvat	[trvat]
aankomen (per auto, enz.)	přijíždět	[prʃɪjiːʒdet]
aanraken (ww)	dotýkat se	[dotiːkat sɛ]
adviseren (ww)	radit	[radɪt]

afdalen (on.ww.)	jít dolů	[jiːt doluː]
afslaan (naar rechts ~)	zatáčet	[zataːtʃɛt]
antwoorden (ww)	odpovídat	[otpoviːdat]
bang zijn (ww)	bát se	[baːt sɛ]
bedreigen (bijv. met een pistool)	vyhrožovat	[vɪhroʒovat]

bedriegen (ww)	podvádět	[podvaːdet]
beëindigen (ww)	končit	[kontʃɪt]
beginnen (ww)	začínat	[zatʃiːnat]
begrijpen (ww)	rozumět	[rozumnet]
beheren (managen)	řídit	[rʒiːdɪt]

beledigen (met scheldwoorden)	urážet	[uraːʒet]
beloven (ww)	slibovat	[slɪbovat]
bereiden (koken)	vařit	[varʒɪt]
bespreken (spreken over)	projednávat	[projɛdnaːvat]

bestellen (eten ~)	objednávat	[objɛdnaːvat]
bestraffen (een stout kind ~)	trestat	[trɛstat]
betalen (ww)	platit	[platɪt]
betekenen (beduiden)	znamenat	[znamɛnat]
betreuren (ww)	litovat	[lɪtovat]
bevallen (prettig vinden)	líbit se	[liːbɪt sɛ]
bevelen (mil.)	rozkazovat	[roskazovat]

bevrijden (stad, enz.)	osvobozovat	[osvobozovat]
bewaren (ww)	zachovávat	[zaxova:vat]
bezitten (ww)	vlastnit	[vlastnɪt]
bidden (praten met God)	modlit se	[modlɪt sɛ]
binnengaan (een kamer ~)	vcházet	[vxa:zet]
breken (ww)	lámat	[la:mat]
controleren (ww)	kontrolovat	[kontrolovat]
creëren (ww)	vytvořit	[vɪtvorʒɪt]
deelnemen (ww)	zúčastnit se	[zu:tʃastnɪt sɛ]
denken (ww)	myslit	[mɪslɪt]
doden (ww)	zabíjet	[zabi:jɛt]
doen (ww)	dělat	[delat]
dorst hebben (ww)	mít žízeň	[mi:t ʒi:zɛnʲ]

11. De belangrijkste werkwoorden. Deel 2

een hint geven	narážet	[nara:ʒet]
eisen (met klem vragen)	žádat	[ʒa:dat]
existeren (bestaan)	existovat	[ɛgzɪstovat]
gaan (te voet)	jít	[ji:t]
gaan zitten (ww)	sednout si	[sɛdnout sɪ]
gaan zwemmen	koupat se	[koupat sɛ]
geven (ww)	dávat	[da:vat]
glimlachen (ww)	usmívat se	[usmi:vat sɛ]
goed raden (ww)	rozluštit	[rozluʃtɪt]
grappen maken (ww)	žertovat	[ʒertovat]
graven (ww)	rýt	[ri:t]
hebben (ww)	mít	[mi:t]
helpen (ww)	pomáhat	[poma:hat]
herhalen (opnieuw zeggen)	opakovat	[opakovat]
honger hebben (ww)	mít hlad	[mi:t hlat]
hopen (ww)	doufat	[doufat]
horen (waarnemen met het oor)	slyšet	[slɪʃɛt]
huilen (wenen)	plakat	[plakat]
huren (huis, kamer)	pronajímat si	[pronaji:mat sɪ]
informeren (informatie geven)	informovat	[ɪnformovat]
instemmen (akkoord gaan)	souhlasit	[souhlasɪt]
jagen (ww)	lovit	[lovɪt]
kennen (kennis hebben van iemand)	znát	[zna:t]
kiezen (ww)	vybírat	[vɪbi:rat]
klagen (ww)	stěžovat si	[stɛʒovat sɪ]
kosten (ww)	stát	[sta:t]
kunnen (ww)	moci	[motsɪ]
lachen (ww)	smát se	[sma:t sɛ]

| laten vallen (ww) | pouštět | [pouʃtet] |
| lezen (ww) | číst | [tʃi:st] |

liefhebben (ww)	milovat	[mɪlovat]
lunchen (ww)	obědvat	[obedvat]
nemen (ww)	brát	[bra:t]
nodig zijn (ww)	být potřebný	[bi:t potrʃɛbni:]

12. De belangrijkste werkwoorden. Deel 3

onderschatten (ww)	podceňovat	[podtsɛnʲovat]
ondertekenen (ww)	podepisovat	[podɛpɪsovat]
ontbijten (ww)	snídat	[sni:dat]
openen (ww)	otvírat	[otvi:rat]
ophouden (ww)	zastavovat	[zastavovat]
opmerken (zien)	všímat si	[vʃi:mat sɪ]

opscheppen (ww)	vychloubat se	[vɪxloubat sɛ]
opschrijven (ww)	zapisovat si	[zapɪsovat sɪ]
plannen (ww)	plánovat	[pla:novat]
prefereren (verkiezen)	dávat přednost	[da:vat prʃɛdnost]
proberen (trachten)	zkoušet	[skouʃɛt]
redden (ww)	zachraňovat	[zaxranʲovat]

rekenen op ...	spoléhat na ...	[spolɛ:hat na]
rennen (ww)	běžet	[beʒet]
reserveren (een hotelkamer ~)	rezervovat	[rɛzɛrvovat]

| roepen (om hulp) | volat | [volat] |

| schieten (ww) | střílet | [strʃi:lɛt] |
| schreeuwen (ww) | křičet | [krʃɪtʃɛt] |

schrijven (ww)	psát	[psa:t]
souperen (ww)	večeřet	[vɛtʃɛrʒɛt]
spelen (kinderen)	hrát	[hra:t]
spreken (ww)	mluvit	[mluvɪt]

| stelen (ww) | krást | [kra:st] |
| stoppen (pauzeren) | zastavovat se | [zastavovat sɛ] |

studeren (Nederlands ~)	studovat	[studovat]
sturen (zenden)	odesílat	[odɛsi:lat]
tellen (optellen)	počítat	[potʃi:tat]
toebehoren aan ...	patřit	[patrʃɪt]

| toestaan (ww) | dovolovat | [dovolovat] |
| tonen (ww) | ukazovat | [ukazovat] |

twijfelen (onzeker zijn)	pochybovat	[poxɪbovat]
uitgaan (ww)	vycházet	[vɪxa:zɛt]
uitnodigen (ww)	zvát	[zva:t]
uitspreken (ww)	vyslovovat	[vɪslovovat]
uitvaren tegen (ww)	nadávat	[nada:vat]

13. De belangrijkste werkwoorden. Deel 4

vallen (ww)	padat	[padat]
vangen (ww)	chytat	[xɪtat]
veranderen (anders maken)	změnit	[zmnenɪt]
verbaasd zijn (ww)	divit se	[dɪvɪt sɛ]
verbergen (ww)	schovávat	[sxova:vat]
verdedigen (je land ~)	bránit	[bra:nɪt]
verenigen (ww)	sjednocovat	[sjɛdnotsovat]
vergelijken (ww)	porovnávat	[porovna:vat]
vergeten (ww)	zapomínat	[zapomi:nat]
vergeven (ww)	odpouštět	[otpouʃtet]
verklaren (uitleggen)	vysvětlovat	[vɪsvetlovat]
verkopen (per stuk ~)	prodávat	[proda:vat]
vermelden (praten over)	zmiňovat se	[zmɪnʲovat sɛ]
versieren (decoreren)	zdobit	[zdobɪt]
vertalen (ww)	překládat	[prʃɛkla:dat]
vertrouwen (ww)	důvěřovat	[du:verʒovat]
vervolgen (ww)	pokračovat	[pokratʃovat]
verwarren (met elkaar ~)	plést	[plɛ:st]
verzoeken (ww)	prosit	[prosɪt]
verzuimen (school, enz.)	zameškávat	[zameʃka:vat]
vinden (ww)	nacházet	[naxa:zɛt]
vliegen (ww)	letět	[lɛtet]
volgen (ww)	následovat	[na:slɛdovat]
voorstellen (ww)	nabízet	[nabi:zɛt]
voorzien (verwachten)	předvídat	[prʃɛdvi:dat]
vragen (ww)	ptát se	[pta:t sɛ]
waarnemen (ww)	pozorovat	[pozorovat]
waarschuwen (ww)	upozorňovat	[upozornʲovat]
wachten (ww)	čekat	[tʃɛkat]
weerspreken (ww)	namítat	[nami:tat]
weigeren (ww)	odmítat	[odmi:tat]
werken (ww)	pracovat	[pratsovat]
weten (ww)	vědět	[vedet]
willen (verlangen)	chtít	[xti:t]
zeggen (ww)	říci	[rʒi:tsɪ]
zich haasten (ww)	spěchat	[spexat]
zich interesseren voor ...	zajímat se	[zaji:mat sɛ]
zich vergissen (ww)	mýlit se	[mi:lɪt sɛ]
zich verontschuldigen	omlouvat se	[omlouvat sɛ]
zien (ww)	vidět	[vɪdet]
zoeken (ww)	hledat	[hlɛdat]
zwemmen (ww)	plavat	[plavat]
zwijgen (ww)	mlčet	[mltʃɛt]

14. Kleuren

kleur (de)	barva (ž)	[barva]
tint (de)	odstín (m)	[otsti:n]
kleurnuance (de)	tón (m)	[to:n]
regenboog (de)	duha (ž)	[duha]
wit (bn)	bílý	[bi:li:]
zwart (bn)	černý	[tʃɛrni:]
grijs (bn)	šedý	[ʃɛdi:]
groen (bn)	zelený	[zɛlɛni:]
geel (bn)	žlutý	[ʒluti:]
rood (bn)	červený	[tʃɛrvɛni:]
blauw (bn)	modrý	[modri:]
lichtblauw (bn)	bledě modrý	[blɛde modri:]
roze (bn)	růžový	[ru:ʒovi:]
oranje (bn)	oranžový	[oranʒovi:]
violet (bn)	fialový	[fɪalovi:]
bruin (bn)	hnědý	[hnedi:]
goud (bn)	zlatý	[zlati:]
zilverkleurig (bn)	stříbřitý	[strʃi:brʒɪti:]
beige (bn)	béžový	[bɛ:ʒovi:]
roomkleurig (bn)	krémový	[krɛ:movi:]
turkoois (bn)	tyrkysový	[tɪrkɪsovi:]
kersrood (bn)	višňový	[vɪʃɲovi:]
lila (bn)	lila	[lɪla]
karmijnrood (bn)	malinový	[malɪnovi:]
licht (bn)	světlý	[svetli:]
donker (bn)	tmavý	[tmavi:]
fel (bn)	jasný	[jasni:]
kleur-, kleurig (bn)	barevný	[barɛvni:]
kleuren- (abn)	barevný	[barɛvni:]
zwart-wit (bn)	černobílý	[tʃɛrnobi:li:]
eenkleurig (bn)	jednobarevný	[jɛdnobarɛvni:]
veelkleurig (bn)	různobarevný	[ru:znobarɛvni:]

15. Vragen

Wie?	Kdo?	[gdo]
Wat?	Co?	[tso]
Waar?	Kde?	[gdɛ]
Waarheen?	Kam?	[kam]
Waarvandaan?	Odkud?	[otkut]
Wanneer?	Kdy?	[gdɪ]
Waarom?	Proč?	[protʃ]
Waarom?	Proč?	[protʃ]
Waarvoor dan ook?	Na co?	[na tso]

Hoe?	Jak?	[jak]
Wat voor …?	Jaký?	[jakiː]
Welk?	Který?	[ktɛriː]
Aan wie?	Komu?	[komu]
Over wie?	O kom?	[o kom]
Waarover?	O čem?	[o tʃɛm]
Met wie?	S kým?	[s kiːm]
Hoevoel?	Kolik?	[kolɪk]
Van wie? (mann.)	Čí?	[tʃiː]

16. Voorzetsels

met (bijv. ~ beleg)	s, se	[s], [sɛ]
zonder (~ accent)	bez	[bɛz]
naar (in de richting van)	do	[do]
over (praten ~)	o	[o]
voor (in tijd)	před	[prʃɛt]
voor (aan de voorkant)	před	[prʃɛt]
onder (lager dan)	pod	[pot]
boven (hoger dan)	nad	[nat]
op (bovenop)	na	[na]
van (uit, afkomstig van)	z	[z]
van (gemaakt van)	z	[z]
over (bijv. ~ een uur)	za	[za]
over (over de bovenkant)	přes	[prʃɛs]

17. Functiewoorden. Bijwoorden. Deel 1

Waar?	Kde?	[gdɛ]
hier (bw)	zde	[zdɛ]
daar (bw)	tam	[tam]
ergens (bw)	někde	[negdɛ]
nergens (bw)	nikde	[nɪgdɛ]
bij … (in de buurt)	u …	[u]
bij het raam	u okna	[u okna]
Waarheen?	Kam?	[kam]
hierheen (bw)	sem	[sɛm]
daarheen (bw)	tam	[tam]
hiervandaan (bw)	odsud	[otsut]
daarvandaan (bw)	odtamtud	[odtamtut]
dichtbij (bw)	blízko	[bliːsko]
ver (bw)	daleko	[dalɛko]
in de buurt (van …)	kolem	[kolɛm]
dichtbij (bw)	poblíž	[pobliːʒ]

niet ver (bw)	nedaleko	[nɛdalɛko]
linker (bn)	levý	[lɛviː]
links (bw)	zleva	[zlɛva]
linksaf, naar links (bw)	vlevo	[vlɛvo]

rechter (bn)	pravý	[praviː]
rechts (bw)	zprava	[sprava]
rechtsaf, naar rechts (bw)	vpravo	[vpravo]

vooraan (bw)	zpředu	[sprʃɛdu]
voorste (bn)	přední	[prʃɛdniː]
vooruit (bw)	vpřed	[vprʃɛt]

achter (bw)	za	[za]
van achteren (bw)	zezadu	[zɛzadu]
achteruit (naar achteren)	zpět	[spet]

| midden (het) | střed (m) | [strʃɛt] |
| in het midden (bw) | uprostřed | [uprostrʃɛt] |

opzij (bw)	z boku	[z boku]
overal (bw)	všude	[vʃudɛ]
omheen (bw)	kolem	[kolɛm]

binnenuit (bw)	zevnitř	[zɛvnɪtrʃ]
naar ergens (bw)	někam	[nekam]
rechtdoor (bw)	přímo	[prʃiːmo]
terug (bijv. ~ komen)	zpět	[spet]

| ergens vandaan (bw) | odněkud | [odnekut] |
| ergens vandaan (en dit geld moet ~ komen) | odněkud | [odnekut] |

ten eerste (bw)	za prvé	[za prvɛː]
ten tweede (bw)	za druhé	[za druhɛː]
ten derde (bw)	za třetí	[za trʃɛtiː]

plotseling (bw)	najednou	[najɛdnou]
in het begin (bw)	zpočátku	[spotʃaːtku]
voor de eerste keer (bw)	poprvé	[poprvɛː]
lang voor ... (bw)	dávno před ...	[daːvno prʃɛt]
opnieuw (bw)	znovu	[znovu]
voor eeuwig (bw)	navždy	[navʒdɪ]

nooit (bw)	nikdy	[nɪgdɪ]
weer (bw)	opět	[opet]
nu (bw)	nyní	[nɪniː]
vaak (bw)	často	[tʃasto]
toen (bw)	tehdy	[tɛhdɪ]
urgent (bw)	neodkladně	[nɛotkladne]
meestal (bw)	obyčejně	[obɪtʃɛjne]

trouwens, ... (tussen haakjes)	mimochodem	[mɪmoxodɛm]
mogelijk (bw)	možná	[moʒnaː]
waarschijnlijk (bw)	asi	[asɪ]

misschien (bw)	možná	[moʒna:]
trouwens (bw)	kromě toho ...	[kromne toho]
daarom ...	proto ...	[proto]
in weerwil van ...	nehledě na ...	[nɛhlɛde na]
dankzij ...	díky ...	[di:kɪ]
wat (vn)	co	[ʦo]
dat (vw)	že	[ʒe]
iets (vn)	něco	[neʦo]
iets	něco	[neʦo]
niets (vn)	nic	[nɪʦ]
wie (~ is daar?)	kdo	[gdo]
iemand (een onbekende)	někdo	[negdo]
iemand (een bepaald persoon)	někdo	[negdo]
niemand (vn)	nikdo	[nɪgdo]
nergens (bw)	nikam	[nɪkam]
niemands (bn)	ničí	[nɪʧi:]
iemands (bn)	něčí	[neʧi:]
zo (Ik ben ~ blij)	tak	[tak]
ook (evenals)	také	[takɛ:]
alsook (eveneens)	také	[takɛ:]

18. Functiewoorden. Bijwoorden. Deel 2

Waarom?	Proč?	[proʧ]
om een bepaalde reden	z nějakých důvodů	[z nejaki:x du:vodu:]
omdat ...	protože ...	[protoʒe]
voor een bepaald doel	z nějakých důvodů	[z nejaki:x du:vodu:]
en (vw)	a	[a]
of (vw)	nebo	[nɛbo]
maar (vw)	ale	[alɛ]
voor (vz)	pro	[pro]
te (~ veel mensen)	příliš	[prʃi:lɪʃ]
alleen (bw)	jenom	[jɛnom]
precies (bw)	přesně	[prʃɛsne]
ongeveer (~ 10 kg)	kolem	[kolɛm]
omstreeks (bw)	přibližně	[prʃɪblɪʒne]
bij benadering (bn)	přibližný	[prʃɪblɪʒni:]
bijna (bw)	skoro	[skoro]
rest (de)	zbytek (m)	[zbɪtɛk]
elk (bn)	každý	[kaʒdi:]
om het even welk	každý	[kaʒdi:]
veel (grote hoeveelheid)	mnoho	[mnoho]
veel mensen	mnozí	[mnozi:]
iedereen (alle personen)	všichni	[vʃɪxnɪ]
in ruil voor ...	výměnou za ...	[vi:mnenou za]

in ruil (bw)	místo	[mi:sto]
met de hand (bw)	ručně	[rutʃne]
onwaarschijnlijk (bw)	sotva	[sotva]
waarschijnlijk (bw)	asi	[asɪ]
met opzet (bw)	schválně	[sxva:lne]
toevallig (bw)	náhodou	[na:hodou]
zeer (bw)	velmi	[vɛlmɪ]
bijvoorbeeld (bw)	například	[naprʃi:klat]
tussen (~ twee steden)	mezi	[mɛzɪ]
tussen (te midden van)	mezi	[mɛzɪ]
zoveel (bw)	tolik	[tolɪk]
vooral (bw)	zejména	[zɛjmɛ:na]

Basisbegrippen Deel 2

19. Dagen van de week

maandag (de)	pondělí (s)	[pondeli:]
dinsdag (de)	úterý (s)	[u:tɛri:]
woensdag (de)	středa (ž)	[strʃɛda]
donderdag (de)	čtvrtek (m)	[tʃtvrtɛk]
vrijdag (de)	pátek (m)	[pa:tɛk]
zaterdag (de)	sobota (ž)	[sobota]
zondag (de)	neděle (ž)	[nɛdelɛ]
vandaag (bw)	dnes	[dnɛs]
morgen (bw)	zítra	[zi:tra]
overmorgen (bw)	pozítří	[pozi:trʃi:]
gisteren (bw)	včera	[vtʃɛra]
eergisteren (bw)	předevčírem	[prʃɛdɛvtʃi:rɛm]
dag (de)	den (m)	[dɛn]
werkdag (de)	pracovní den (m)	[pratsovni: dɛn]
feestdag (de)	sváteční den (m)	[sva:tɛtʃni: dɛn]
verlofdag (de)	volno (s)	[volno]
weekend (het)	víkend (m)	[vi:kɛnt]
de hele dag (bw)	celý den	[tsɛli: dɛn]
de volgende dag (bw)	příští den	[prʃi:ʃti: dɛn]
twee dagen geleden	před dvěma dny	[prʃɛd dvema dnɪ]
aan de vooravond (bw)	den předtím	[dɛn prʃɛdti:m]
dag-, dagelijks (bn)	denní	[dɛnni:]
elke dag (bw)	denně	[dɛnne]
week (de)	týden (m)	[ti:dɛn]
vorige week (bw)	minulý týden	[mɪnuli: ti:dɛn]
volgende week (bw)	příští týden	[prʃi:ʃti: ti:dɛn]
wekelijks (bn)	týdenní	[ti:dɛnni:]
elke week (bw)	týdně	[ti:dne]
twee keer per week	dvakrát týdně	[dvakra:t ti:dne]
elke dinsdag	každé úterý	[kaʒdɛ: u:tɛri:]

20. Uren. Dag en nacht

morgen (de)	ráno (s)	[ra:no]
's morgens (bw)	ráno	[ra:no]
middag (de)	poledne (s)	[polɛdnɛ]
's middags (bw)	odpoledne	[otpolɛdnɛ]
avond (de)	večer (m)	[vɛtʃɛr]
's avonds (bw)	večer	[vɛtʃɛr]

Nederlands	Tsjechisch	Uitspraak
nacht (de)	noc (ž)	[nots]
's nachts (bw)	v noci	[v notsɪ]
middernacht (de)	půlnoc (ž)	[pu:lnots]
seconde (de)	sekunda (ž)	[sɛkunda]
minuut (de)	minuta (ž)	[mɪnuta]
uur (het)	hodina (ž)	[hodɪna]
halfuur (het)	půlhodina (ž)	[pu:lhodɪna]
kwartier (het)	čtvrthodina (ž)	[tʃtvrthodɪna]
vijftien minuten	patnáct minut	[patna:tst mɪnut]
etmaal (het)	den a noc	[dɛn a nots]
zonsopgang (de)	východ (m) slunce	[vi:xod sluntsɛ]
dageraad (de)	úsvit (m)	[u:svɪt]
vroege morgen (de)	časné ráno (s)	[tʃasnɛ: ra:no]
zonsondergang (de)	západ (m) slunce	[za:pat sluntsɛ]
's morgens vroeg (bw)	brzy ráno	[brzɪ ra:no]
vanmorgen (bw)	dnes ráno	[dnɛs ra:no]
morgenochtend (bw)	zítra ráno	[zi:tra ra:no]
vanmiddag (bw)	dnes odpoledne	[dnɛs otpolɛdnɛ]
's middags (bw)	odpoledne	[otpolɛdnɛ]
morgenmiddag (bw)	zítra odpoledne	[zi:tra otpolɛdnɛ]
vanavond (bw)	dnes večer	[dnɛs vɛtʃɛr]
morgenavond (bw)	zítra večer	[zi:tra vɛtʃɛr]
klokslag drie uur	přesně ve tři hodiny	[prʃɛsne vɛ trʃɪ hodɪnɪ]
ongeveer vier uur	kolem čtyř hodin	[kolɛm tʃtɪrʒ hodɪn]
tegen twaalf uur	do dvanácti hodin	[do dvana:tstɪ hodɪn]
over twintig minuten	za dvacet minut	[za dvatsɛt mɪnut]
over een uur	za hodinu	[za hodɪnu]
op tijd (bw)	včas	[vtʃas]
kwart voor ...	tři čtvrtě	[trʃɪ tʃtvrte]
binnen een uur	během hodiny	[behɛm hodɪnɪ]
elk kwartier	každých patnáct minut	[kaʒdi:x patna:tst mɪnut]
de klok rond	celodenně	[tsɛlodɛnne]

21. Maanden. Seizoenen

Nederlands	Tsjechisch	Uitspraak
januari (de)	leden (m)	[lɛdɛn]
februari (de)	únor (m)	[u:nor]
maart (de)	březen (m)	[brʒɛzɛn]
april (de)	duben (m)	[dubɛn]
mei (de)	květen (m)	[kvetɛn]
juni (de)	červen (m)	[tʃɛrvɛn]
juli (de)	červenec (m)	[tʃɛrvɛnɛts]
augustus (de)	srpen (m)	[srpɛn]
september (de)	září (s)	[za:rʒi:]
oktober (de)	říjen (m)	[rʒi:jɛn]

november (de)	listopad (m)	[lɪstopat]
december (de)	prosinec (m)	[prosɪnɛts]
lente (de)	jaro (s)	[jaro]
in de lente (bw)	na jaře	[na jarʒɛ]
lente- (abn)	jarní	[jarni:]
zomer (de)	léto (s)	[lɛ:to]
in de zomer (bw)	v létě	[v lɛ:te]
zomer-, zomers (bn)	letní	[lɛtni:]
herfst (de)	podzim (m)	[podzɪm]
in de herfst (bw)	na podzim	[na podzɪm]
herfst- (abn)	podzimní	[podzɪmni:]
winter (de)	zima (ž)	[zɪma]
in de winter (bw)	v zimě	[v zɪmne]
winter- (abn)	zimní	[zɪmni:]
maand (de)	měsíc (m)	[mnesi:ts]
deze maand (bw)	tento měsíc	[tɛnto mnesi:ts]
volgende maand (bw)	příští měsíc	[prʃi:ʃti: mnesi:ts]
vorige maand (bw)	minulý měsíc	[mɪnuli: mnesi:ts]
een maand geleden (bw)	před měsícem	[prʃɛd mnesi:tsɛm]
over een maand (bw)	za měsíc	[za mnesi:ts]
over twee maanden (bw)	za dva měsíce	[za dva mnesi:tsɛ]
de hele maand (bw)	celý měsíc	[tsɛli: mnesi:ts]
een volle maand (bw)	celý měsíc	[tsɛli: mnesi:ts]
maand-, maandelijks (bn)	měsíční	[mnesi:tʃni:]
maandelijks (bw)	každý měsíc	[kaʒdi: mnesi:ts]
elke maand (bw)	měsíčně	[mnesi:tʃne]
twee keer per maand	dvakrát měsíčně	[dvakra:t mnesi:tʃne]
jaar (het)	rok (m)	[rok]
dit jaar (bw)	letos	[lɛtos]
volgend jaar (bw)	příští rok	[prʃi:ʃti: rok]
vorig jaar (bw)	vloni	[vlonɪ]
een jaar geleden (bw)	před rokem	[prʃɛd rokɛm]
over een jaar	za rok	[za rok]
over twee jaar	za dva roky	[za dva rokɪ]
het hele jaar	celý rok	[tsɛli: rok]
een vol jaar	celý rok	[tsɛli: rok]
elk jaar	každý rok	[kaʒdi: rok]
jaar-, jaarlijks (bn)	každoroční	[kaʒdorotʃni:]
jaarlijks (bw)	každoročně	[kaʒdorotʃne]
4 keer per jaar	čtyřikrát za rok	[tʃtɪrʒɪkra:t za rok]
datum (de)	datum (s)	[datum]
datum (de)	datum (s)	[datum]
kalender (de)	kalendář (m)	[kalɛnda:rʃ]
een half jaar	půl roku	[pu:l roku]
zes maanden	půlrok (m)	[pu:lrok]

seizoen (bijv. lente, zomer)	období (s)	[obdobi:]
eeuw (de)	století (s)	[stolɛti:]

22. Meeteenheden

gewicht (het)	váha (ž)	[va:ha]
lengte (de)	délka (ž)	[dɛ:lka]
breedte (de)	šířka (ž)	[ʃi:rʃka]
hoogte (de)	výška (ž)	[vi:ʃka]
diepte (de)	hloubka (ž)	[hloupka]
volume (het)	objem (m)	[objɛm]
oppervlakte (de)	plocha (ž)	[ploxa]
gram (het)	gram (m)	[gram]
milligram (het)	miligram (m)	[mɪlɪgram]
kilogram (het)	kilogram (m)	[kɪlogram]
ton (duizend kilo)	tuna (ž)	[tuna]
pond (het)	libra (ž)	[lɪbra]
ons (het)	unce (ž)	[untsɛ]
meter (de)	metr (m)	[mɛtr]
millimeter (de)	milimetr (m)	[mɪlɪmɛtr]
centimeter (de)	centimetr (m)	[tsɛntɪmɛtr]
kilometer (de)	kilometr (m)	[kɪlomɛtr]
mijl (de)	míle (ž)	[mi:lɛ]
duim (de)	coul (m)	[tsoul]
voet (de)	stopa (ž)	[stopa]
yard (de)	yard (m)	[jart]
vierkante meter (de)	čtvereční metr (m)	[tʃtvɛrɛtʃni: mɛtr]
hectare (de)	hektar (m)	[hɛktar]
liter (de)	litr (m)	[lɪtr]
graad (de)	stupeň (m)	[stupɛnʲ]
volt (de)	volt (m)	[volt]
ampère (de)	ampér (m)	[ampɛ:r]
paardenkracht (de)	koňská síla (ž)	[konʲska: si:la]
hoeveelheid (de)	množství (s)	[mnoʒstvi:]
een beetje ...	trochu ...	[troxu]
helft (de)	polovina (ž)	[polovɪna]
dozijn (het)	tucet (m)	[tutsɛt]
stuk (het)	kus (m)	[kus]
afmeting (de)	rozměr (m)	[rozmner]
schaal (bijv. ~ van 1 op 50)	měřítko (s)	[mnɛrʒi:tko]
minimaal (bn)	minimální	[mɪnɪma:lni:]
minste (bn)	nejmenší	[nɛjmɛnʃi:]
medium (bn)	střední	[strʃɛdni:]
maximaal (bn)	maximální	[maksɪma:lni:]
grootste (bn)	největší	[nɛjvɛtʃi:]

23. Containers

glazen pot (de)	sklenice (ž)	[sklɛnɪtsɛ]
blik (conserven~)	plechovka (ž)	[plɛxofka]
emmer (de)	vědro (s)	[vedro]
ton (bijv. regenton)	sud (m)	[sut]

ronde waterbak (de)	mísa (ž)	[mi:sa]
tank (bijv. watertank-70-ltr)	nádrž (ž)	[na:drʃ]
heupfles (de)	plochá láhev (ž)	[ploxa: la:gɛf]
jerrycan (de)	kanystr (m)	[kanɪstr]
tank (bijv. ketelwagen)	cisterna (ž)	[tsɪstɛrna]

beker (de)	hrníček (m)	[hrni:tʃɛk]
kopje (het)	šálek (m)	[ʃa:lɛk]
schoteltje (het)	talířek (m)	[tali:rʒɛk]
glas (het)	sklenice (ž)	[sklɛnɪtsɛ]
wijnglas (het)	sklenka (ž)	[sklɛŋka]
pan (de)	hrnec (m)	[hrnɛts]

fles (de)	láhev (ž)	[la:hɛf]
flessenhals (de)	hrdlo (s)	[hrdlo]

karaf (de)	karafa (ž)	[karafa]
kruik (de)	džbán (m)	[dʒba:n]
vat (het)	nádoba (ž)	[na:doba]
pot (de)	hrnec (m)	[hrnɛts]
vaas (de)	váza (ž)	[va:za]

flacon (de)	flakón (m)	[flako:n]
flesje (het)	lahvička (ž)	[lahvɪtʃka]
tube (bijv. ~ tandpasta)	tuba (ž)	[tuba]

zak (bijv. ~ aardappelen)	pytel (m)	[pɪtɛl]
tasje (het)	sáček (m)	[sa:tʃɛk]
pakje (~ sigaretten, enz.)	balíček (m)	[bali:tʃɛk]

doos (de)	krabice (ž)	[krabɪtsɛ]
kist (de)	schránka (ž)	[sxra:ŋka]
mand (de)	koš (m)	[koʃ]

MENS

Mens. Het lichaam

24. Hoofd

hoofd (het)	hlava (ž)	[hlava]
gezicht (het)	obličej (ž)	[oblɪtʃɛj]
neus (de)	nos (m)	[nos]
mond (de)	ústa (s mn)	[uːsta]
oog (het)	oko (s)	[oko]
ogen (mv.)	oči (s mn)	[otʃɪ]
pupil (de)	zornice (ž)	[zornɪtsɛ]
wenkbrauw (de)	obočí (s)	[obotʃiː]
wimper (de)	řasa (ž)	[rʒasa]
ooglid (het)	víčko (s)	[viːtʃko]
tong (de)	jazyk (m)	[jazɪk]
tand (de)	zub (m)	[zup]
lippen (mv.)	rty (m mn)	[rtɪ]
jukbeenderen (mv.)	lícní kosti (ž mn)	[liːtsni: kostɪ]
tandvlees (het)	dáseň (ž)	[daːsɛnʲ]
gehemelte (het)	patro (s)	[patro]
neusgaten (mv.)	chřípí (s)	[xrʃiːpiː]
kin (de)	brada (ž)	[brada]
kaak (de)	čelist (ž)	[tʃɛlɪst]
wang (de)	tvář (ž)	[tvaːrʃ]
voorhoofd (het)	čelo (s)	[tʃɛlo]
slaap (de)	spánek (s)	[spaːnɛk]
oor (het)	ucho (s)	[uxo]
achterhoofd (het)	týl (m)	[tiːl]
hals (de)	krk (m)	[krk]
keel (de)	hrdlo (s)	[hrdlo]
haren (mv.)	vlasy (m mn)	[vlasɪ]
kapsel (het)	účes (m)	[uːtʃɛs]
haarsnit (de)	střih (m)	[strʃɪx]
pruik (de)	paruka (ž)	[paruka]
snor (de)	vousy (m mn)	[vousɪ]
baard (de)	plnovous (m)	[plnovous]
dragen (een baard, enz.)	nosit	[nosɪt]
vlecht (de)	cop (m)	[tsop]
bakkebaarden (mv.)	licousy (m mn)	[lɪtsousɪ]
ros (roodachtig, rossig)	zrzavý	[zrzaviː]
grijs (~ haar)	šedivý	[ʃɛdɪviː]

| kaal (bn) | lysý | [lɪsiː] |
| kale plek (de) | lysina (ž) | [lɪsɪna] |

| paardenstaart (de) | ocas (m) | [oʦas] |
| pony (de) | ofina (ž) | [ofɪna] |

25. Menselijk lichaam

| hand (de) | ruka (ž) | [ruka] |
| arm (de) | ruka (ž) | [ruka] |

vinger (de)	prst (m)	[prst]
duim (de)	palec (m)	[palɛʦ]
pink (de)	malíček (m)	[maliːʧɛk]
nagel (de)	nehet (m)	[nɛhɛt]

vuist (de)	pěst (ž)	[pest]
handpalm (de)	dlaň (ž)	[dlanʲ]
pols (de)	zápěstí (s)	[zaːpɛstiː]
voorarm (de)	předloktí (s)	[prʃɛdloktiː]
elleboog (de)	loket (m)	[lokɛt]
schouder (de)	rameno (s)	[ramɛno]

been (rechter ~)	noha (ž)	[noha]
voet (de)	chodidlo (s)	[xodɪdlo]
knie (de)	koleno (s)	[kolɛno]
kuit (de)	lýtko (s)	[liːtko]
heup (de)	stehno (s)	[stɛhno]
hiel (de)	pata (ž)	[pata]

lichaam (het)	tělo (s)	[telo]
buik (de)	břicho (s)	[brʒɪxo]
borst (de)	prsa (s mn)	[prsa]
borst (de)	prs (m)	[prs]
zijde (de)	bok (m)	[bok]
rug (de)	záda (s mn)	[zaːda]
lage rug (de)	kříž (m)	[krʃiːʃ]
taille (de)	pás (m)	[paːs]

navel (de)	pupek (m)	[pupɛk]
billen (mv.)	hýždě (ž mn)	[hiːʒde]
achterwerk (het)	zadek (m)	[zadɛk]

huidvlek (de)	mateřské znaménko (s)	[matɛrʃkɛː znamɛːŋko]
tatoeage (de)	tetování (s)	[tɛtovaːniː]
litteken (het)	jizva (ž)	[jɪzva]

Kleding en accessoires

26. Bovenkleding. Jassen

kleren (mv.)	oblečení (s)	[oblɛtʃɛni:]
bovenkleding (de)	svrchní oděv (m)	[svrxni: odɛf]
winterkleding (de)	zimní oděv (m)	[zɪmni: odɛf]
jas (de)	kabát (m)	[kaba:t]
bontjas (de)	kožich (m)	[koʒɪx]
bontjasje (het)	krátký kožich (m)	[kra:tki: koʒɪx]
donzen jas (de)	peřová bunda (ž)	[pɛrʒova: bunda]
jasje (bijv. een leren ~)	bunda (ž)	[bunda]
regenjas (de)	plášť (m)	[pla:ʃtʲ]
waterdicht (bn)	nepromokavý	[nɛpromokavi:]

27. Heren & dames kleding

overhemd (het)	košile (ž)	[koʃɪlɛ]
broek (de)	kalhoty (ž mn)	[kalhotɪ]
jeans (de)	džínsy (m mn)	[dʒi:nsɪ]
colbert (de)	sako (s)	[sako]
kostuum (het)	pánský oblek (m)	[pa:nski: oblɛk]
jurk (de)	šaty (m mn)	[ʃatɪ]
rok (de)	sukně (ž)	[suknɛ]
blouse (de)	blůzka (ž)	[blu:ska]
wollen vest (de)	svetr (m)	[svɛtr]
blazer (kort jasje)	žaket (m)	[ʒakɛt]
T-shirt (het)	tričko (s)	[trɪtʃko]
shorts (mv.)	šortky (ž mn)	[ʃortkɪ]
trainingspak (het)	tepláková souprava (ž)	[tɛpla:kova: souprava]
badjas (de)	župan (m)	[ʒupan]
pyjama (de)	pyžamo (s)	[pɪʒamo]
sweater (de)	svetr (m)	[svɛtr]
pullover (de)	pulovr (m)	[pulovr]
gilet (het)	vesta (ž)	[vɛsta]
rokkostuum (het)	frak (m)	[frak]
smoking (de)	smoking (m)	[smokɪŋk]
uniform (het)	uniforma (ž)	[unɪforma]
werkkleding (de)	pracovní oděv (m)	[pratsovni: odɛf]
overall (de)	kombinéza (ž)	[kombɪnɛ:za]
doktersjas (de)	plášť (m)	[pla:ʃtʲ]

28. Kleding. Ondergoed

ondergoed (het)	spodní prádlo (s)	[spodni: pra:dlo]
onderhemd (het)	tílko (s)	[tilko]
sokken (mv.)	ponožky (ž mn)	[ponoʃkɪ]
nachthemd (het)	noční košile (ž)	[notʃni: koʃɪlɛ]
beha (de)	podprsenka (ž)	[potprsɛŋka]
kniekousen (mv.)	podkolenky (ž mn)	[potkolɛŋkɪ]
panty (de)	punčochové kalhoty (ž mn)	[puntʃoxovɛ: kalgotɪ]
nylonkousen (mv.)	punčochy (ž mn)	[puntʃoxɪ]
badpak (het)	plavky (ž mn)	[plafkɪ]

29. Hoofddeksels

hoed (de)	čepice (ž)	[tʃɛpɪtsɛ]
deukhoed (de)	klobouk (m)	[klobouk]
honkbalpet (de)	kšiltovka (ž)	[kʃɪltofka]
kleppet (de)	čepice (ž)	[tʃɛpɪtsɛ]
baret (de)	baret (m)	[barɛt]
kap (de)	kapuce (ž)	[kaputsɛ]
panamahoed (de)	panamský klobouk (m)	[panamski: klobouk]
gebreide muts (de)	pletená čepice (ž)	[plɛtɛna: tʃɛpɪtsɛ]
hoofddoek (de)	šátek (m)	[ʃa:tɛk]
dameshoed (de)	klobouček (m)	[kloboutʃɛk]
veiligheidshelm (de)	přilba (ž)	[prʃɪlba]
veldmuts (de)	lodička (ž)	[lodɪtʃka]
helm, valhelm (de)	helma (ž)	[hɛlma]
bolhoed (de)	tvrďák (m)	[tvrdʲa:k]
hoge hoed (de)	válec (m)	[va:lɛts]

30. Schoeisel

schoeisel (het)	obuv (ž)	[obuf]
schoenen (mv.)	boty (ž mn)	[botɪ]
vrouwenschoenen (mv.)	střevíce (m mn)	[strʃɛvi:tsɛ]
laarzen (mv.)	holínky (ž mn)	[holi:ŋkɪ]
pantoffels (mv.)	bačkory (ž mn)	[batʃkorɪ]
sportschoenen (mv.)	tenisky (ž mn)	[tɛnɪskɪ]
sneakers (mv.)	kecky (ž mn)	[kɛtskɪ]
sandalen (mv.)	sandály (m mn)	[sanda:lɪ]
schoenlapper (de)	obuvník (m)	[obuvni:k]
hiel (de)	podpatek (m)	[potpatɛk]
paar (een ~ schoenen)	pár (m)	[pa:r]
veter (de)	tkanička (ž)	[tkanɪtʃka]

rijgen (schoenen ~)	šněrovat	[ʃnerovat]
schoenlepel (de)	lžíce (ž) na boty	[ʒiːtsɛ na botɪ]
schoensmeer (de/het)	krém (m) na boty	[krɛːm na botɪ]

31. Persoonlijke accessoires

handschoenen (mv.)	rukavice (ž mn)	[rukavɪtsɛ]
wanten (mv.)	palčáky (m mn)	[paltʃaːkɪ]
sjaal (fleece ~)	šála (ž)	[ʃaːla]

bril (de)	brýle (ž mn)	[briːlɛ]
brilmontuur (het)	obroučky (m mn)	[obroutʃkɪ]
paraplu (de)	deštník (m)	[dɛʃtniːk]
wandelstok (de)	hůl (ž)	[huːl]
haarborstel (de)	kartáč (m) na vlasy	[kartaːtʃ na vlasɪ]
waaier (de)	vějíř (m)	[vejiːrʃ]

das (de)	kravata (ž)	[kravata]
strikje (het)	motýlek (m)	[motiːlɛk]
bretels (mv.)	šle (ž mn)	[ʃlɛ]
zakdoek (de)	kapesník (m)	[kapesniːk]

kam (de)	hřeben (m)	[hrʒɛbɛn]
haarspeldje (het)	sponka (ž)	[spoŋka]
schuifspeldje (het)	vlásnička (ž)	[vlaːsnɪtʃka]
gesp (de)	spona (ž)	[spona]

| broekriem (de) | pás (m) | [paːs] |
| draagriem (de) | řemen (m) | [rʒɛmɛn] |

handtas (de)	taška (ž)	[taʃka]
damestas (de)	kabelka (ž)	[kabɛlka]
rugzak (de)	batoh (m)	[batox]

32. Kleding. Diversen

mode (de)	móda (ž)	[moːda]
de mode (bn)	módní	[moːdniː]
kledingstilist (de)	modelář (m)	[modɛlaːrʃ]

kraag (de)	límec (m)	[liːmɛts]
zak (de)	kapsa (ž)	[kapsa]
zak- (abn)	kapesní	[kapɛsniː]
mouw (de)	rukáv (m)	[rukaːf]
lusje (het)	poutko (s)	[poutko]
gulp (de)	poklopec (m)	[poklopɛts]

rits (de)	zip (m)	[zɪp]
sluiting (de)	spona (ž)	[spona]
knoop (de)	knoflík (m)	[knofliːk]
knoopsgat (het)	knoflíková dírka (ž)	[knofliːkovaː diːrka]
losraken (bijv. knopen)	utrhnout se	[utrhnout sɛ]

naaien (kleren, enz.)	**šít**	[ʃi:t]
borduren (ww)	**vyšívat**	[vɪʃi:vat]
borduursel (het)	**výšivka** (ž)	[vi:ʃɪfka]
naald (de)	**jehla** (ž)	[jɛhla]
draad (de)	**nit** (ž)	[nɪt]
naad (de)	**šev** (m)	[ʃɛf]
vies worden (ww)	**ušpinit se**	[uʃpɪnɪt sɛ]
vlek (de)	**skvrna** (ž)	[skvrna]
gekreukt raken (ov. kleren)	**pomačkat se**	[pomatʃkat sɛ]
scheuren (ov.ww.)	**roztrhat**	[roztrhat]
mol (de)	**mol** (m)	[mol]

33. Persoonlijke verzorging. Schoonheidsmiddelen

tandpasta (de)	**zubní pasta** (ž)	[zubni: pasta]
tandenborstel (de)	**kartáček** (m) **na zuby**	[karta:tʃɛk na zubɪ]
tanden poetsen (ww)	**čistit si zuby**	[tʃɪstɪt sɪ zubɪ]
scheermes (het)	**holicí strojek** (m)	[holɪtsi: strojɛk]
scheerschuim (het)	**krém** (m) **na holení**	[krɛ:m na holɛni:]
zich scheren (ww)	**holit se**	[holɪt sɛ]
zeep (de)	**mýdlo** (s)	[mi:dlo]
shampoo (de)	**šampon** (m)	[ʃampon]
schaar (de)	**nůžky** (ž mn)	[nu:ʃkɪ]
nagelvijl (de)	**pilník** (m) **na nehty**	[pɪlni:k na nɛxtɪ]
nagelknipper (de)	**kleštičky** (ž mn) **na nehty**	[klɛʃtɪtʃkɪ na nɛxtɪ]
pincet (het)	**pinzeta** (ž)	[pɪnzeta]
cosmetica (mv.)	**kosmetika** (ž)	[kosmɛtɪka]
masker (het)	**kosmetická maska** (ž)	[kosmɛtɪtska: maska]
manicure (de)	**manikúra** (ž)	[manɪku:ra]
manicure doen	**dělat manikúru**	[delat manɪku:ru]
pedicure (de)	**pedikúra** (ž)	[pɛdɪku:ra]
cosmetica tasje (het)	**kosmetická kabelka** (ž)	[kosmɛtɪtska: kabɛlka]
poeder (de/het)	**pudr** (m)	[pudr]
poederdoos (de)	**pudřenka** (ž)	[pudrʒɛŋka]
rouge (de)	**červené líčidlo** (s)	[tʃɛrvɛnɛ: li:tʃɪdlo]
parfum (de/het)	**voňavka** (ž)	[vonʲafka]
eau de toilet (de)	**toaletní voda** (ž)	[toalɛtni: voda]
lotion (de)	**pleťová voda** (ž)	[plɛtʲova: voda]
eau de cologne (de)	**kolínská voda** (ž)	[koli:nska: voda]
oogschaduw (de)	**oční stíny** (m mn)	[otʃni: sti:nɪ]
oogpotlood (het)	**tužka** (ž) **na oči**	[tuʃka na otʃɪ]
mascara (de)	**řasenka** (ž)	[rʒasɛŋka]
lippenstift (de)	**rtěnka** (ž)	[rtɛŋka]
nagellak (de)	**lak** (m) **na nehty**	[lak na nɛxtɪ]
haarlak (de)	**lak** (m) **na vlasy**	[lak na vlasɪ]

deodorant (de)	deodorant (m)	[dɛodorant]
crème (de)	krém (m)	[krɛ:m]
gezichtscrème (de)	pleťový krém (m)	[plɛtʲovi: krɛ:m]
handcrème (de)	krém (m) na ruce	[krɛ:m na rutsɛ]
antirimpelcrème (de)	krém (m) proti vráskám	[krɛ:m protɪ vra:ska:m]
dag- (abn)	denní	[dɛnni:]
nacht- (abn)	noční	[notʃni:]
tampon (de)	tampón (m)	[tampo:n]
toiletpapier (het)	toaletní papír (m)	[toalɛtni: papi:r]
föhn (de)	fén (m)	[fɛ:n]

34. Horloges. Klokken

polshorloge (het)	hodinky (ž mn)	[hodɪŋkɪ]
wijzerplaat (de)	ciferník (m)	[tsɪfɛrni:k]
wijzer (de)	ručička (ž)	[rutʃɪtʃka]
metalen horlogeband (de)	náramek (m)	[na:ramɛk]
horlogebandje (het)	pásek (m)	[pa:sɛk]
batterij (de)	baterka (ž)	[batɛrka]
leeg zijn (ww)	vybít se	[vɪbi:t sɛ]
batterij vervangen	vyměnit baterku	[vɪmnenɪt batɛrku]
voorlopen (ww)	jít napřed	[ji:t naprʃɛt]
achterlopen (ww)	opožďovat se	[opoʒdʲovat sɛ]
wandklok (de)	nástěnné hodiny (ž mn)	[na:stɛnnɛ: hodɪnɪ]
zandloper (de)	přesýpací hodiny (ž mn)	[prʃɛsi:patsi: hodɪnɪ]
zonnewijzer (de)	sluneční hodiny (ž mn)	[slunɛtʃni: hodɪnɪ]
wekker (de)	budík (m)	[budi:k]
horlogemaker (de)	hodinář (m)	[hodɪna:rʃ]
repareren (ww)	opravovat	[opravovat]

Voedsel. Voeding

35. Voedsel

vlees (het)	maso (s)	[maso]
kip (de)	slepice (ž)	[slɛpɪtsɛ]
kuiken (het)	kuře (s)	[kurʒɛ]
eend (de)	kachna (ž)	[kaxna]
gans (de)	husa (ž)	[husa]
wild (het)	zvěřina (ž)	[zverʒɪna]
kalkoen (de)	krůta (ž)	[kru:ta]
varkensvlees (het)	vepřové (s)	[vɛprʃovɛ:]
kalfsvlees (het)	telecí (s)	[tɛlɛtsi:]
schapenvlees (het)	skopové (s)	[skopovɛ:]
rundvlees (het)	hovězí (s)	[hovezi:]
konijnenvlees (het)	králík (m)	[kra:li:k]
worst (de)	salám (m)	[sala:m]
saucijs (de)	párek (m)	[pa:rɛk]
spek (het)	slanina (ž)	[slanɪna]
ham (de)	šunka (ž)	[ʃuŋka]
gerookte achterham (de)	kýta (ž)	[ki:ta]
paté (de)	paštika (ž)	[paʃtɪka]
lever (de)	játra (s mn)	[ja:tra]
gehakt (het)	mleté maso (s)	[mlɛtɛ: maso]
tong (de)	jazyk (m)	[jazɪk]
ei (het)	vejce (s)	[vɛjtsɛ]
eieren (mv.)	vejce (s mn)	[vɛjtsɛ]
eiwit (het)	bílek (m)	[bi:lɛk]
eigeel (het)	žloutek (m)	[ʒloutɛk]
vis (de)	ryby (ž mn)	[rɪbɪ]
zeevruchten (mv.)	mořské plody (m mn)	[morʃskɛ: plodɪ]
kaviaar (de)	kaviár (m)	[kavɪa:r]
krab (de)	krab (m)	[krap]
garnaal (de)	kreveta (ž)	[krɛvɛta]
oester (de)	ústřice (ž)	[u:strʃɪtsɛ]
langoest (de)	langusta (ž)	[langusta]
octopus (de)	chobotnice (ž)	[xobotnɪtsɛ]
inktvis (de)	sépie (ž)	[sɛ:pɪe]
steur (de)	jeseter (m)	[jɛsɛtɛr]
zalm (de)	losos (m)	[losos]
heilbot (de)	platýs (m)	[plati:s]
kabeljauw (de)	treska (ž)	[trɛska]
makreel (de)	makrela (ž)	[makrɛla]

tonijn (de)	tuňák (m)	[tunʲaːk]
paling (de)	úhoř (m)	[uːhorʃ]

forel (de)	pstruh (m)	[pstrux]
sardine (de)	sardinka (ž)	[sardɪŋka]
snoek (de)	štika (ž)	[ʃtɪka]
haring (de)	sleď (ž)	[slɛtʲ]

brood (het)	chléb (m)	[xlɛːp]
kaas (de)	sýr (m)	[siːr]
suiker (de)	cukr (m)	[ʦukr]
zout (het)	sůl (ž)	[suːl]

rijst (de)	rýže (ž)	[riːʒe]
pasta (de)	makaróny (m mn)	[makaroːnɪ]
noedels (mv.)	nudle (ž mn)	[nudlɛ]

boter (de)	máslo (s)	[maːslo]
plantaardige olie (de)	olej (m)	[olɛj]
zonnebloemolie (de)	slunečnicový olej (m)	[slunɛtʃnɪʦovi: olɛj]
margarine (de)	margarín (m)	[margariːn]

olijven (mv.)	olivy (ž)	[olɪvɪ]
olijfolie (de)	olivový olej (m)	[olɪvovi: olɛj]

melk (de)	mléko (s)	[mlɛːko]
gecondenseerde melk (de)	kondenzované mléko (s)	[kondɛnzovanɛ: mlɛːko]
yoghurt (de)	jogurt (m)	[jogurt]
zure room (de)	kyselá smetana (ž)	[kɪsɛla: smɛtana]
room (de)	sladká smetana (ž)	[slatka: smɛtana]

mayonaise (de)	majonéza (ž)	[majonɛːza]
crème (de)	krém (m)	[krɛːm]

graan (het)	kroupy (ž mn)	[kroupɪ]
meel (het), bloem (de)	mouka (ž)	[mouka]
conserven (mv.)	konzerva (ž)	[konzɛrva]

maïsvlokken (mv.)	kukuřičné vločky (ž mn)	[kukurʒɪtʃnɛ: vlotʃkɪ]
honing (de)	med (m)	[mɛt]
jam (de)	džem (m)	[dʒem]
kauwgom (de)	žvýkačka (ž)	[ʒviːkatʃka]

36. Drankjes

water (het)	voda (ž)	[voda]
drinkwater (het)	pitná voda (ž)	[pɪtna: voda]
mineraalwater (het)	minerální voda (ž)	[mɪnɛraːlni: voda]

zonder gas	neperlivý	[nɛpɛrlɪviː]
koolzuurhoudend (bn)	perlivý	[pɛrlɪviː]
bruisend (bn)	perlivý	[pɛrlɪviː]
ijs (het)	led (m)	[lɛt]
met ijs	s ledem	[s lɛdɛm]

alcohol vrij (bn)	nealkoholický	[nɛalkoholɪtski:]
alcohol vrije drank (de)	nealkoholický nápoj (m)	[nɛalkoholɪtski: na:poj]
frisdrank (de)	osvěžující nápoj (m)	[osveʒuji:tsi: na:poj]
limonade (de)	limonáda (ž)	[lɪmona:da]
alcoholische dranken (mv.)	alkoholické nápoje (m mn)	[alkoholɪtskɛ: na:pojɛ]
wijn (de)	víno (s)	[vi:no]
witte wijn (de)	bílé víno (s)	[bi:lɛ: vi:no]
rode wijn (de)	červené víno (s)	[tʃɛrvɛnɛ: vi:no]
likeur (de)	likér (m)	[lɪkɛ:r]
champagne (de)	šampaňské (s)	[ʃampanʲskɛ:]
vermout (de)	vermut (m)	[vɛrmut]
whisky (de)	whisky (ž)	[vɪskɪ]
wodka (de)	vodka (ž)	[votka]
gin (de)	džin (m)	[dʒɪn]
cognac (de)	koňak (m)	[konʲak]
rum (de)	rum (m)	[rum]
koffie (de)	káva (ž)	[ka:va]
zwarte koffie (de)	černá káva (ž)	[tʃɛrna: ka:va]
koffie (de) met melk	bílá káva (ž)	[bi:la: ka:va]
cappuccino (de)	kapučíno (s)	[kaputʃi:no]
oploskoffie (de)	rozpustná káva (ž)	[rozpustna: ka:va]
melk (de)	mléko (s)	[mlɛ:ko]
cocktail (de)	koktail (m)	[koktajl]
milkshake (de)	mléčný koktail (m)	[mlɛtʃni: koktajl]
sap (het)	šťáva (ž), džus (m)	[ʃtʲa:va], [dʒus]
tomatensap (het)	rajčatová šťáva (ž)	[rajtʃatova: ʃtʲa:va]
sinaasappelsap (het)	pomerančový džus (m)	[pomɛrantʃovi: dʒus]
vers geperst sap (het)	vymačkaná šťáva (ž)	[vɪmatʃkana: ʃtʲa:va]
bier (het)	pivo (s)	[pɪvo]
licht bier (het)	světlé pivo (s)	[svetlɛ: pɪvo]
donker bier (het)	tmavé pivo (s)	[tmavɛ: pɪvo]
thee (de)	čaj (m)	[tʃaj]
zwarte thee (de)	černý čaj (m)	[tʃɛrni: tʃaj]
groene thee (de)	zelený čaj (m)	[zɛlɛni: tʃaj]

37. Groenten

groenten (mv.)	zelenina (ž)	[zɛlɛnɪna]
verse kruiden (mv.)	zelenina (ž)	[zɛlɛnɪna]
tomaat (de)	rajské jablíčko (s)	[rajskɛ: jabli:tʃko]
augurk (de)	okurka (ž)	[okurka]
wortel (de)	mrkev (ž)	[mrkɛf]
aardappel (de)	brambory (ž mn)	[bramborɪ]
ui (de)	cibule (ž)	[tsɪbulɛ]
knoflook (de)	česnek (m)	[tʃɛsnɛk]

kool (de)	zelí (s)	[zɛli:]
bloemkool (de)	květák (m)	[kveta:k]
spruitkool (de)	růžičková kapusta (ž)	[ru:ʒɪtʃkova: kapusta]
broccoli (de)	brokolice (ž)	[brokolɪtsɛ]

rode biet (de)	červená řepa (ž)	[tʃɛrvena: rʒɛpa]
aubergine (de)	lilek (m)	[lɪlɛk]
courgette (de)	cukina, cuketa (ž)	[tsukɪna], [tsuketa]
pompoen (de)	tykev (ž)	[tɪkɛf]
raap (de)	vodní řepa (ž)	[vodni: rʒɛpa]

peterselie (de)	petržel (ž)	[pɛtrʒel]
dille (de)	kopr (m)	[kopr]
sla (de)	salát (m)	[sala:t]
selderij (de)	celer (m)	[tsɛlɛr]
asperge (de)	chřest (m)	[xrʃɛst]
spinazie (de)	špenát (m)	[ʃpɛna:t]

erwt (de)	hrách (m)	[hra:x]
bonen (mv.)	boby (m mn)	[bobɪ]
maïs (de)	kukuřice (ž)	[kukurʒɪtsɛ]
nierboon (de)	fazole (ž)	[fazolɛ]

peper (de)	pepř (m)	[pɛprʃ]
radijs (de)	ředkvička (ž)	[rʒɛtkvɪtʃka]
artisjok (de)	artyčok (m)	[artɪtʃok]

38. Vruchten. Noten

vrucht (de)	ovoce (s)	[ovotsɛ]
appel (de)	jablko (s)	[jablko]
peer (de)	hruška (ž)	[hruʃka]
citroen (de)	citrón (m)	[tsɪtro:n]
sinaasappel (de)	pomeranč (m)	[pomɛrantʃ]
aardbei (de)	zahradní jahody (ž mn)	[zahradni: jahodɪ]

mandarijn (de)	mandarinka (ž)	[mandarɪŋka]
pruim (de)	švestka (ž)	[ʃvɛstka]
perzik (de)	broskev (ž)	[broskɛf]
abrikoos (de)	meruňka (ž)	[mɛrunʲka]
framboos (de)	maliny (ž mn)	[malɪnɪ]
ananas (de)	ananas (m)	[ananas]

banaan (de)	banán (m)	[bana:n]
watermeloen (de)	vodní meloun (m)	[vodni: mɛloun]
druif (de)	hroznové víno (s)	[hroznovɛ: vi:no]
zure kers (de)	višně (ž)	[vɪʃne]
zoete kers (de)	třešně (ž)	[trʃɛʃne]
meloen (de)	cukrový meloun (m)	[tsukrovi: mɛloun]

grapefruit (de)	grapefruit (m)	[grɛjpfru:t]
avocado (de)	avokádo (s)	[avoka:do]
papaja (de)	papája (ž)	[papa:ja]
mango (de)	mango (s)	[mango]

granaatappel (de)	granátové jablko (s)	[granaːtovɛ: jablko]
rode bes (de)	červený rybíz (m)	[tʃɛrvɛniː rɪbiːz]
zwarte bes (de)	černý rybíz (m)	[tʃɛrniː rɪbiːz]
kruisbes (de)	angrešt (m)	[angrɛʃt]
blauwe bosbes (de)	borůvky (ž mn)	[boruːfkɪ]
braambes (de)	ostružiny (ž mn)	[ostruʒɪnɪ]
rozijn (de)	hrozinky (ž mn)	[hrozɪŋkɪ]
vijg (de)	fík (m)	[fiːk]
dadel (de)	datle (ž)	[datlɛ]
pinda (de)	burský oříšek (m)	[burskiː orʒiːʃɛk]
amandel (de)	mandle (ž)	[mandlɛ]
walnoot (de)	vlašský ořech (m)	[vlaʃski. orʒɛx]
hazelnoot (de)	lískový ořech (m)	[liːskoviː orʒɛx]
kokosnoot (de)	kokos (m)	[kokos]
pistaches (mv.)	pistácie (ž)	[pɪstaːtsɪɛ]

39. Brood. Snoep

suikerbakkerij (de)	cukroví (s)	[tsukroviː]
brood (het)	chléb (m)	[xlɛːp]
koekje (het)	sušenky (ž mn)	[suʃɛŋkɪ]
chocolade (de)	čokoláda (ž)	[tʃokolaːda]
chocolade- (abn)	čokoládový	[tʃokolaːdoviː]
snoepje (het)	bonbón (m)	[bonboːn]
cakeje (het)	zákusek (m)	[zaːkusɛk]
taart (bijv. verjaardags~)	dort (m)	[dort]
pastei (de)	koláč (m)	[kolaːtʃ]
vulling (de)	nádivka (ž)	[naːdɪfka]
confituur (de)	zavařenina (ž)	[zavarʒɛnɪna]
marmelade (de)	marmeláda (ž)	[marmɛlaːda]
wafel (de)	oplatky (mn)	[oplatkɪ]
ijsje (het)	zmrzlina (ž)	[zmrzlɪna]

40. Bereide gerechten

gerecht (het)	jídlo (s)	[jiːdlo]
keuken (bijv. Franse ~)	kuchyně (ž)	[kuxɪnɛ]
recept (het)	recept (m)	[rɛtsɛpt]
portie (de)	porce (ž)	[portsɛ]
salade (de)	salát (m)	[salaːt]
soep (de)	polévka (ž)	[polɛːfka]
bouillon (de)	vývar (m)	[viːvar]
boterham (de)	obložený chlebíček (m)	[obloʒɛniː xlɛbiːtʃɛk]
spiegelei (het)	míchaná vejce (s mn)	[miːxana: vɛjtsɛ]
hamburger (de)	hamburger (m)	[hamburgɛr]

biefstuk (de)	biftek (m)	[bɪftɛk]
garnering (de)	příloha (ž)	[prʃi:loha]
spaghetti (de)	spagety (m mn)	[spagɛtɪ]
aardappelpuree (de)	bramborová kaše (ž)	[bramborova: kaʃɛ]
pizza (de)	pizza (ž)	[pɪtsa]
pap (de)	kaše (ž)	[kaʃɛ]
omelet (de)	omeleta (ž)	[omɛlɛta]

gekookt (in water)	vařený	[varʒɛni:]
gerookt (bn)	uzený	[uzɛni:]
gebakken (bn)	smažený	[smaʒeni:]
gedroogd (bn)	sušený	[suʃɛni:]
diepvries (bn)	zmražený	[zmraʒeni:]
gemarineerd (bn)	marinovaný	[marɪnovani:]

zoet (bn)	sladký	[slatki:]
gezouten (bn)	slaný	[slani:]
koud (bn)	studený	[studɛni:]
heet (bn)	teplý	[tɛpli:]
bitter (bn)	hořký	[horʃki:]
lekker (bn)	chutný	[xutni:]

koken (in kokend water)	vařit	[varʒɪt]
bereiden (avondmaaltijd ~)	vařit	[varʒɪt]
bakken (ww)	smažit	[smaʒɪt]
opwarmen (ww)	ohřívat	[ohrʒi:vat]

zouten (ww)	solit	[solɪt]
peperen (ww)	pepřit	[pɛprʃɪt]
raspen (ww)	strouhat	[strouhat]
schil (de)	slupka (ž)	[slupka]
schillen (ww)	loupat	[loupat]

41. Kruiden

zout (het)	sůl (ž)	[su:l]
gezouten (bn)	slaný	[slani:]
zouten (ww)	solit	[solɪt]

zwarte peper (de)	černý pepř (m)	[tʃɛrni: pɛprʃ]
rode peper (de)	červená paprika (ž)	[tʃɛrvɛna: paprɪka]
mosterd (de)	hořčice (ž)	[horʃtʃɪtsɛ]
mierikswortel (de)	křen (m)	[krʃɛn]

condiment (het)	ochucovadlo (s)	[oxutsovadlo]
specerij, kruiderij (de)	koření (s)	[korʒɛni:]
saus (de)	omáčka (ž)	[oma:tʃka]
azijn (de)	ocet (m)	[otsɛt]

anijs (de)	anýz (m)	[ani:z]
basilicum (de)	bazalka (ž)	[bazalka]
kruidnagel (de)	hřebíček (m)	[hrʒɛbi:tʃek]
gember (de)	zázvor (m)	[za:zvor]
koriander (de)	koriandr (m)	[korɪandr]

kaneel (de/het)	skořice (ž)	[skorʒɪtsɛ]
sesamzaad (het)	sezam (m)	[sɛzam]
laurierblad (het)	bobkový list (m)	[bopkoviː lɪst]
paprika (de)	paprika (ž)	[paprɪka]
komijn (de)	kmín (m)	[kmiːn]
saffraan (de)	šafrán (m)	[ʃafraːn]

42. Maaltijden

eten (het)	jídlo (s)	[jiːdlo]
eten (ww)	jíst	[jiːst]
ontbijt (het)	snídaně (ž)	[sniːdane]
ontbijten (ww)	snídat	[sniːdat]
lunch (de)	oběd (m)	[obet]
lunchen (ww)	obědvat	[obedvat]
avondeten (het)	večeře (ž)	[vɛtʃɛrʒɛ]
souperen (ww)	večeřet	[vɛtʃɛrʒɛt]
eetlust (de)	chuť (ž) k jídlu	[xutʲ k jiːdlu]
Eet smakelijk!	Dobrou chuť!	[dobrou xutʲ]
openen (een fles ~)	otvírat	[otviːrat]
morsen (koffie, enz.)	rozlít	[rozliːt]
zijn gemorst	rozlít se	[rozliːt sɛ]
koken (water kookt bij 100°C)	vřít	[vrʒiːt]
koken (Hoe om water te ~)	vařit	[varʒɪt]
gekookt (~ water)	svařený	[svarʒɛniː]
afkoelen (koeler maken)	ochladit	[oxladɪt]
afkoelen (koeler worden)	ochlazovat se	[oxlazovat sɛ]
smaak (de)	chuť (ž)	[xutʲ]
nasmaak (de)	příchuť (ž)	[prʃiːxutʲ]
volgen een dieet	držet dietu	[drʒet dɪetu]
dieet (het)	dieta (ž)	[dɪeta]
vitamine (de)	vitamín (m)	[vɪtamiːn]
calorie (de)	kalorie (ž)	[kalorɪe]
vegetariër (de)	vegetarián (m)	[vɛgɛtarɪaːn]
vegetarisch (bn)	vegetariánský	[vɛgɛtarɪaːnskiː]
vetten (mv.)	tuky (m)	[tukɪ]
eiwitten (mv.)	bílkoviny (ž)	[biːlkovɪnɪ]
koolhydraten (mv.)	karbohydráty (mn)	[karbohɪdratiː]
snede (de)	plátek (m)	[plaːtɛk]
stuk (bijv. een ~ taart)	kousek (m)	[kousɛk]
kruimel (de)	drobek (m)	[drobɛk]

43. Tafelschikking

lepel (de)	lžíce (ž)	[lʒiːtsɛ]
mes (het)	nůž (m)	[nuːʃ]

vork (de)	vidlička (ž)	[vɪdlɪtʃka]
kopje (het)	šálek (m)	[ʃaːlɛk]
bord (het)	talíř (m)	[taliːrʃ]
schoteltje (het)	talířek (m)	[taliːrʒɛk]
servet (het)	ubrousek (m)	[ubrousɛk]
tandenstoker (de)	párátko (s)	[paːraːtko]

44. Restaurant

restaurant (het)	restaurace (ž)	[rɛstauratsɛ]
koffiehuis (het)	kavárna (ž)	[kavaːrna]
bar (de)	bar (m)	[bar]
tearoom (de)	čajovna (ž)	[tʃajovna]
kelner, ober (de)	číšník (m)	[tʃiːʃniːk]
serveerster (de)	číšnice (ž)	[tʃiːʃnɪtsɛ]
barman (de)	barman (m)	[barman]
menu (het)	jídelní lístek (m)	[jiːdɛlniː liːstɛk]
wijnkaart (de)	nápojový lístek (m)	[naːpojoviː liːstɛk]
een tafel reserveren	rezervovat stůl	[rɛzɛrvovat stuːl]
gerecht (het)	jídlo (s)	[jiːdlo]
bestellen (eten ~)	objednat si	[objɛdnat sɪ]
een bestelling maken	objednat si	[objɛdnat sɪ]
aperitief (de/het)	aperitiv (m)	[apɛrɪtɪf]
voorgerecht (het)	předkrm (m)	[prʃɛtkrm]
dessert (het)	desert (m)	[dɛsɛrt]
rekening (de)	účet (m)	[uːtʃɛt]
de rekening betalen	zaplatit účet	[zaplatɪt uːtʃɛt]
wisselgeld teruggeven	dát nazpátek	[daːt naspaːtɛk]
fooi (de)	spropitné (s)	[spropɪtnɛː]

Familie, verwanten en vrienden

45. Persoonlijke informatie. Formulieren

naam (de)	jméno (s)	[jmɛ:no]
achternaam (de)	příjmení (s)	[prʃi:jmɛni:]
geboortedatum (de)	datum (s) narození	[datum narozɛni:]
geboorteplaats (de)	místo (s) narození	[mi:sto narozɛni:]
nationaliteit (de)	národnost (ž)	[na:rodnost]
woonplaats (de)	bydliště (s)	[bɪdlɪʃte]
land (het)	země (ž)	[zɛmnɛ]
beroep (het)	povolání (s)	[povola:ni:]
geslacht (ov. het vrouwelijk ~)	pohlaví (s)	[pohlavi:]
lengte (de)	postava (ž)	[postava]
gewicht (het)	váha (ž)	[va:ha]

46. Familieleden. Verwanten

moeder (de)	matka (ž)	[matka]
vader (de)	otec (m)	[otɛts]
zoon (de)	syn (m)	[sɪn]
dochter (de)	dcera (ž)	[dtsɛra]
jongste dochter (de)	nejmladší dcera (ž)	[nɛjmladʃi: dtsɛra]
jongste zoon (de)	nejmladší syn (m)	[nɛjmladʃi: sɪn]
oudste dochter (de)	nejstarší dcera (ž)	[nɛjstarʃi: dtsɛra]
oudste zoon (de)	nejstarší syn (m)	[nɛjstarʃi: sɪn]
broer (de)	bratr (m)	[bratr]
zuster (de)	sestra (ž)	[sɛstra]
neef (zoon van oom, tante)	bratranec (m)	[bratranɛts]
nicht (dochter van oom, tante)	sestřenice (ž)	[sɛstrʃɛnɪtsɛ]
mama (de)	maminka (ž)	[mamɪŋka]
papa (de)	táta (m)	[ta:ta]
ouders (mv.)	rodiče (m mn)	[rodɪtʃɛ]
kind (het)	dítě (s)	[di:te]
kinderen (mv.)	děti (ž mn)	[detɪ]
oma (de)	babička (ž)	[babɪtʃka]
opa (de)	dědeček (m)	[dedɛtʃɛk]
kleinzoon (de)	vnuk (m)	[vnuk]
kleindochter (de)	vnučka (ž)	[vnutʃka]
kleinkinderen (mv.)	vnuci (m mn)	[vnutsɪ]

oom (de)	strýc (m)	[stri:ts]
tante (de)	teta (ž)	[tɛta]
neef (zoon van broer, zus)	synovec (m)	[sɪnovɛts]
nicht (dochter van broer, zus)	neteř (ž)	[nɛtɛrʃ]
schoonmoeder (de)	tchyně (ž)	[txɪne]
schoonvader (de)	tchán (m)	[txa:n]
schoonzoon (de)	zeť (m)	[zɛtʲ]
stiefmoeder (de)	nevlastní matka (ž)	[nɛvlastni: matka]
stiefvader (de)	nevlastní otec (m)	[nɛvlastni: otɛts]
zuigeling (de)	kojenec (m)	[kojɛnɛts]
wiegenkind (het)	nemluvně (s)	[nɛmluvne]
kleuter (de)	děcko (s)	[detsko]
vrouw (de)	žena (ž)	[ʒena]
man (de)	muž (m)	[muʃ]
echtgenoot (de)	manžel (m)	[manʒel]
echtgenote (de)	manželka (ž)	[manʒelka]
gehuwd (mann.)	ženatý	[ʒenati:]
gehuwd (vrouw.)	vdaná	[vdana:]
ongehuwd (mann.)	svobodný	[svobodni:]
vrijgezel (de)	mládenec (m)	[mla:dɛnɛts]
gescheiden (bn)	rozvedený	[rozvɛdɛni:]
weduwe (de)	vdova (ž)	[vdova]
weduwnaar (de)	vdovec (m)	[vdovɛts]
familielid (het)	příbuzný (m)	[prʃi:buzni:]
dichte familielid (het)	blízký příbuzný (m)	[bli:ski: prʃi:buzni:]
verre familielid (het)	vzdálený příbuzný (m)	[vzda:lɛni: prʃi:buzni:]
familieleden (mv.)	příbuzenstvo (s)	[prʃi:buzɛnstvo]
wees (de), weeskind (het)	sirotek (m, ž)	[sɪrotɛk]
voogd (de)	poručník (m)	[porutʃni:k]
adopteren (een jongen te ~)	adoptovat	[adoptovat]
adopteren (een meisje te ~)	adoptovat dívku	[adoptovat difku]

Geneeskunde

47. Ziekten

ziekte (de)	nemoc (ž)	[nɛmots]
ziek zijn (ww)	být nemocný	[bi:t nɛmotsni:]
gezondheid (de)	zdraví (s)	[zdravi:]
snotneus (de)	rýma (ž)	[ri:ma]
angina (de)	angína (ž)	[angi:na]
verkoudheid (de)	nachlazení (s)	[naxlazɛni:]
verkouden raken (ww)	nachladit se	[naxladɪt sɛ]
bronchitis (de)	bronchitida (ž)	[bronxɪti:da]
longontsteking (de)	zápal (m) plic	[za:pal plɪts]
griep (de)	chřipka (ž)	[xrʃɪpka]
bijziend (bn)	krátkozraký	[kra:tkozraki:]
verziend (bn)	dalekozraký	[dalɛkozraki:]
scheelheid (de)	šilhavost (ž)	[ʃɪlhavost]
scheel (bn)	šilhavý	[ʃɪlhavi:]
grauwe staar (de)	šedý zákal (m)	[ʃɛdi: za:kal]
glaucoom (het)	zelený zákal (m)	[zɛlɛni: za:kal]
beroerte (de)	mozková mrtvice (ž)	[moskova: mrtvɪtsɛ]
hartinfarct (het)	infarkt (m)	[ɪnfarkt]
myocardiaal infarct (het)	infarkt (m) myokardu	[ɪnfarkt mɪokardu]
verlamming (de)	obrna (ž)	[obrna]
verlammen (ww)	paralyzovat	[paralɪzovat]
allergie (de)	alergie (ž)	[alɛrgɪe]
astma (de/het)	astma (s)	[astma]
diabetes (de)	cukrovka (ž)	[tsukrofka]
tandpijn (de)	bolení (s) zubů	[bolɛni: zubu:]
tandbederf (het)	zubní kaz (m)	[zubni: kaz]
diarree (de)	průjem (m)	[pru:jɛm]
constipatie (de)	zácpa (ž)	[za:tspa]
maagstoornis (de)	žaludeční potíže (ž mn)	[ʒaludɛtʃni: poti:ʒe]
voedselvergiftiging (de)	otrava (ž)	[otrava]
voedselvergiftiging oplopen	otrávit se	[otra:vɪt sɛ]
artritis (de)	artritida (ž)	[artrɪtɪda]
rachitis (de)	rachitida (ž)	[raxɪtɪda]
reuma (het)	revmatismus (m)	[rɛvmatɪzmus]
arteriosclerose (de)	ateroskleróza (ž)	[atɛrosklɛro:za]
gastritis (de)	gastritida (ž)	[gastrɪtɪda]
blindedarmontsteking (de)	apendicitida (ž)	[apɛndɪtsɪtɪda]

galblaasontsteking (de)	zánět (m) žlučníku	[za:nɛt ʒlutʃni:ku]
zweer (de)	vřed (m)	[vrʒɛt]

mazelen (mv.)	spalničky (ž mn)	[spalnɪtʃki:]
rodehond (de)	zarděnky (ž mn)	[zardɛŋkɪ]
geelzucht (de)	žloutenka (ž)	[ʒloutɛŋka]
leverontsteking (de)	hepatitida (ž)	[hɛpatɪtɪda]

schizofrenie (de)	schizofrenie (ž)	[sxɪzofrɛnɪe]
dolheid (de)	vzteklina (ž)	[vstɛklɪna]
neurose (de)	neuróza (ž)	[nɛuro:za]
hersenschudding (de)	otřes (m) mozku	[otrʃɛs mosku]

kanker (de)	rakovina (ž)	[rakovɪna]
sclerose (de)	skleróza (ž)	[sklɛro:za]
multiple sclerose (de)	roztroušená skleróza (ž)	[roztrouʃɛna: sklɛro:za]

alcoholisme (het)	alkoholismus (m)	[alkoholɪzmus]
alcoholicus (de)	alkoholik (m)	[alkoholɪk]
syfilis (de)	syfilida (ž)	[sɪfɪlɪda]
AIDS (de)	AIDS (m)	[ajts]

tumor (de)	nádor (m)	[na:dor]
kwaadaardig (bn)	zhoubný	[zhoubni:]
goedaardig (bn)	nezhoubný	[nɛzhoubni:]

koorts (de)	zimnice (ž)	[zɪmnɪtsɛ]
malaria (de)	malárie (ž)	[mala:rɪe]
gangreen (het)	gangréna (ž)	[gangrɛ:na]
zeeziekte (de)	mořská nemoc (ž)	[morʃska: nɛmots]
epilepsie (de)	padoucnice (ž)	[padoutsnɪtsɛ]

epidemie (de)	epidemie (ž)	[ɛpɪdɛmɪe]
tyfus (de)	tyf (m)	[tɪf]
tuberculose (de)	tuberkulóza (ž)	[tubɛrkulo:za]
cholera (de)	cholera (ž)	[xolɛra]
pest (de)	mor (m)	[mor]

48. Symptomen. Behandelingen. Deel 1

symptoom (het)	příznak (m)	[prʃi:znak]
temperatuur (de)	teplota (ž)	[tɛplota]
verhoogde temperatuur (de)	vysoká teplota (ž)	[vɪsoka: tɛplota]
polsslag (de)	tep (m)	[tɛp]

duizeling (de)	závrať (ž)	[za:vratⁱ]
heet (erg warm)	horký	[horki:]
koude rillingen (mv.)	mrazení (s)	[mrazɛni:]
bleek (bn)	bledý	[blɛdi:]

hoest (de)	kašel (m)	[kaʃɛl]
hoesten (ww)	kašlat	[kaʃlat]
niezen (ww)	kýchat	[ki:xat]
flauwte (de)	mdloby (ž mn)	[mdlobɪ]

flauwvallen (ww)	upadnout do mdlob	[upadnout do mdlop]
blauwe plek (de)	modřina (ž)	[modrʒɪna]
buil (de)	boule (ž)	[boulɛ]
zich stoten (ww)	uhodit se	[uhodɪt sɛ]
kneuzing (de)	pohmožděnina (ž)	[pohmoʒdenɪna]
kneuzen (gekneusd zijn)	uhodit se	[uhodɪt sɛ]

hinken (ww)	kulhat	[kulhat]
verstuiking (de)	vykloubení (s)	[vɪkloubɛni:]
verstuiken (enkel, enz.)	vykloubit	[vɪkloubɪt]
breuk (de)	zlomenina (ž)	[zlomɛnɪna]
een breuk oplopen	dostat zlomeninu	[dostat zlomɛnɪnu]

snijwond (de)	říznutí (s)	[rʒi:znuti:]
zich snijden (ww)	říznout se	[rʒi:znout sɛ]
bloeding (de)	krvácení (s)	[krva:tsɛni:]

| brandwond (de) | popálenina (ž) | [popa:lɛnɪna] |
| zich branden (ww) | spálit se | [spa:lɪt sɛ] |

prikken (ww)	píchnout	[pi:xnout]
zich prikken (ww)	píchnout se	[pi:xnout sɛ]
blesseren (ww)	pohmoždit	[pohmoʒdɪt]
blessure (letsel)	pohmoždění (s)	[pohmoʒdeni:]
wond (de)	rána (ž)	[ra:na]
trauma (het)	úraz (m)	[u:raz]

ijlen (ww)	blouznit	[blouznɪt]
stotteren (ww)	zajíkat se	[zaji:kat sɛ]
zonnesteek (de)	úpal (m)	[u:pal]

49. Symptomen. Behandelingen. Deel 2

| pijn (de) | bolest (ž) | [bolɛst] |
| splinter (de) | tříska (ž) | [trʃi:ska] |

zweet (het)	pot (m)	[pot]
zweten (ww)	potit se	[potɪt sɛ]
braking (de)	zvracení (s)	[zvratsɛni:]
stuiptrekkingen (mv.)	křeče (ž mn)	[krʃɛtʃɛ]

zwanger (bn)	těhotná	[tehotna:]
geboren worden (ww)	narodit se	[narodɪt sɛ]
geboorte (de)	porod (m)	[porot]
baren (ww)	rodit	[rodɪt]
abortus (de)	umělý potrat (m)	[umneli: potrat]

ademhaling (de)	dýchání (s)	[di:xa:ni:]
inademing (de)	vdech (m)	[vdɛx]
uitademing (de)	výdech (m)	[vi:dɛx]
uitademen (ww)	vydechnout	[vɪdɛxnout]
inademen (ww)	nadechnout se	[nadɛxnout sɛ]
invalide (de)	invalida (m)	[ɪnvalɪda]
gehandicapte (de)	mrzák (m)	[mrza:k]

Nederlands	Tsjechisch	Uitspraak
drugsverslaafde (de)	narkoman (m)	[narkoman]
doof (bn)	hluchý	[hluxi:]
stom (bn)	němý	[nemi:]
krankzinnig (bn)	šílený	[ʃi:lɛni:]
krankzinnige (man)	šílenec (m)	[ʃi:lɛnɛts]
krankzinnige (vrouw)	šílenec (ž)	[ʃi:lɛnɛts]
krankzinnig worden	zešílet	[zɛʃi:lɛt]
gen (het)	gen (m)	[gɛn]
immuniteit (de)	imunita (ž)	[ɪmunɪta]
erfelijk (bn)	dědičný	[dedɪtʃni:]
aangeboren (bn)	vrozený	[vrozɛni:]
virus (het)	virus (m)	[vɪrus]
microbe (de)	mikrob (m)	[mɪkrop]
bacterie (de)	baktérie (ž)	[baktɛ:rɪe]
infectie (de)	infekce (ž)	[ɪnfɛktsɛ]

50. Symptomen. Behandelingen. Deel 3

Nederlands	Tsjechisch	Uitspraak
ziekenhuis (het)	nemocnice (ž)	[nɛmotsnɪtsɛ]
patiënt (de)	pacient (m)	[patsɪent]
diagnose (de)	diagnóza (ž)	[dɪagno:za]
genezing (de)	léčení (s)	[lɛ:tʃɛni:]
medische behandeling (de)	léčba (ž)	[lɛ:tʃba]
onder behandeling zijn	léčit se	[lɛ:tʃɪt sɛ]
behandelen (ww)	léčit	[lɛ:tʃɪt]
zorgen (zieken ~)	ošetřovat	[oʃɛtrʃovat]
ziekenzorg (de)	ošetřování (s)	[oʃɛtrʃova:ni:]
operatie (de)	operace (ž)	[opɛratsɛ]
verbinden (een arm ~)	obvázat	[obva:zat]
verband (het)	obvazování (s)	[obvazova:ni:]
vaccin (het)	očkování (s)	[otʃkova:ni:]
inenten (vaccineren)	dělat očkování	[delat otʃkova:ni:]
injectie (de)	injekce (ž)	[ɪnjɛktsɛ]
een injectie geven	dávat injekci	[da:vat ɪnjɛktsɪ]
aanval (de)	záchvat (m)	[za:xvat]
amputatie (de)	amputace (ž)	[amputatsɛ]
amputeren (ww)	amputovat	[amputovat]
coma (het)	kóma (s)	[ko:ma]
in coma liggen	být v kómatu	[bi:t v ko:matu]
intensieve zorg, ICU (de)	reanimace (ž)	[rɛanɪmatsɛ]
zich herstellen (ww)	uzdravovat se	[uzdravovat sɛ]
toestand (de)	stav (m)	[staf]
bewustzijn (het)	vědomí (s)	[vedomi:]
geheugen (het)	paměť (ž)	[pamnetʲ]
trekken (een kies ~)	trhat	[trhat]
vulling (de)	plomba (ž)	[plomba]

vullen (ww)	plombovat	[plombovat]
hypnose (de)	hypnóza (ž)	[hɪpnoːza]
hypnotiseren (ww)	hypnotizovat	[hɪpnotɪzovat]

51. Artsen

dokter, arts (de)	lékař (m)	[lɛːkarʃ]
ziekenzuster (de)	zdravotní sestra (ž)	[zdravotniː sɛstra]
lijfarts (de)	osobní lékař (m)	[osobniː lɛːkarʃ]
tandarts (de)	zubař (m)	[zubarʃ]
oogarts (de)	oční lékař (m)	[otʃniː lɛːkarʃ]
therapeut (de)	internista (m)	[ɪntɛrnɪsta]
chirurg (de)	chirurg (m)	[xɪrurg]
psychiater (de)	psychiatr (m)	[psɪxɪatr]
pediater (de)	pediatr (m)	[pɛdɪatr]
psycholoog (de)	psycholog (m)	[psɪxolog]
gynaecoloog (de)	gynekolog (m)	[gɪnɛkolog]
cardioloog (de)	kardiolog (m)	[kardɪolog]

52. Geneeskunde. Medicijnen. Accessoires

geneesmiddel (het)	lék (m)	[lɛːk]
middel (het)	prostředek (m)	[prostrʃɛdɛk]
voorschrijven (ww)	předepsat	[prʒɛdɛpsat]
recept (het)	recept (m)	[rɛtsɛpt]
tablet (de/het)	tableta (ž)	[tablɛta]
zalf (de)	mast (ž)	[mast]
ampul (de)	ampule (ž)	[ampulɛ]
drank (de)	mixtura (ž)	[mɪkstura]
siroop (de)	sirup (m)	[sɪrup]
pil (de)	pilulka (ž)	[pɪlulka]
poeder (de/het)	prášek (m)	[praːʃɛk]
verband (het)	obvaz (m)	[obvaz]
watten (mv.)	vata (ž)	[vata]
jodium (het)	jód (m)	[joːt]
pleister (de)	leukoplast (m)	[lɛukoplast]
pipet (de)	pipeta (ž)	[pɪpɛta]
thermometer (de)	teploměr (m)	[tɛplomner]
spuit (de)	injekční stříkačka (ž)	[ɪnjɛktʃniː strʃiːkatʃka]
rolstoel (de)	vozík (m)	[voziːk]
krukken (mv.)	berle (ž mn.)	[bɛrlɛ]
pijnstiller (de)	anestetikum (s)	[anɛstɛtɪkum]
laxeermiddel (het)	projímadlo (s)	[projiːmadlo]
spiritus (de)	líh (m)	[liːx]
medicinale kruiden (mv.)	bylina (ž)	[bɪlɪna]
kruiden- (abn)	bylinný	[bɪlɪnniː]

HET MENSELIJKE LEEFGEBIED

Stad

53. Stad. Het leven in de stad

stad (de)	město (s)	[mnesto]
hoofdstad (de)	hlavní město (s)	[hlavni: mnesto]
dorp (het)	venkov (m)	[vɛŋkof]
plattegrond (de)	plán (m) města	[pla:n mnesta]
centrum (ov. een stad)	střed (m) města	[strʃɛd mnesta]
voorstad (de)	předměstí (s)	[prʃɛdmnesti:]
voorstads- (abn)	předměstský	[prʃɛdmnestski:]
randgemeente (de)	okraj (m)	[okraj]
omgeving (de)	okolí (s)	[okoli:]
blok (huizenblok)	čtvrť (ž)	[tʃtvrtⁱ]
woonwijk (de)	obytná čtvrť (ž)	[obɪtna: tʃtvrtⁱ]
verkeer (het)	provoz (m)	[provoz]
verkeerslicht (het)	semafor (m)	[sɛmafor]
openbaar vervoer (het)	městská doprava (ž)	[mnestska: doprava]
kruispunt (het)	křižovatka (ž)	[krʃɪʒovatka]
zebrapad (oversteekplaats)	přechod (m)	[prʃɛxot]
onderdoorgang (de)	podchod (m)	[podxot]
oversteken (de straat ~)	přecházet	[prʃɛxa:zɛt]
voetganger (de)	chodec (m)	[xodɛts]
trottoir (het)	chodník (m)	[xodni:k]
brug (de)	most (m)	[most]
dijk (de)	nábřeží (s)	[na:brʒɛʒi:]
fontein (de)	fontána (ž)	[fonta:na]
allee (de)	alej (ž)	[alɛj]
park (het)	park (m)	[park]
boulevard (de)	bulvár (m)	[bulva:r]
plein (het)	náměstí (s)	[na:mnesti:]
laan (de)	třída (ž)	[trʃi:da]
straat (de)	ulice (ž)	[ulɪtsɛ]
zijstraat (de)	boční ulice (ž)	[botʃni: ulɪtsɛ]
doodlopende straat (de)	slepá ulice (ž)	[slɛpa: ulɪtsɛ]
huis (het)	dům (m)	[du:m]
gebouw (het)	budova (ž)	[budova]
wolkenkrabber (de)	mrakodrap (m)	[mrakodrap]
gevel (de)	fasáda (ž)	[fasa:da]
dak (het)	střecha (ž)	[strʃɛxa]

venster (het)	okno (s)	[okno]
boog (de)	oblouk (m)	[oblouk]
pilaar (de)	sloup (m)	[sloup]
hoek (ov. een gebouw)	roh (m)	[rox]

vitrine (de)	výloha (ž)	[viːloha]
gevelreclame (de)	vývěsní tabule (ž)	[viːvɛsni tabulɛ]
affiche (de/het)	plakát (m)	[plakaːt]
reclameposter (de)	reklamní plakát (m)	[rɛklamni plakaːt]
aanplakbord (het)	billboard (m)	[bɪlboːrt]

vuilnis (de/het)	odpadky (m mn)	[otpatkiː]
vuilnisbak (de)	popelnice (ž)	[popɛlnɪtsɛ]
afval weggooien (ww)	dělat smeti	[dəlat smɛtiˑ]
stortplaats (de)	smetiště (s)	[smɛtɪʃtɛ]

telefooncel (de)	telefonní budka (ž)	[tɛlɛfonniː butka]
straatlicht (het)	pouliční svítilna (ž)	[poulɪtʃni sviːtɪlna]
bank (de)	lavička (ž)	[lavɪtʃka]

politieagent (de)	policista (m)	[polɪtsɪsta]
politie (de)	policie (ž)	[polɪtsɪe]
zwerver (de)	žebrák (m)	[ʒebraːk]
dakloze (de)	bezdomovec (m)	[bɛzdomovɛts]

54. Stedelijke instellingen

winkel (de)	obchod (m)	[obxot]
apotheek (de)	lékárna (ž)	[lɛːkaːrna]
optiek (de)	oční optika (ž)	[otʃni optɪka]
winkelcentrum (het)	obchodní středisko (s)	[obxodni strʃɛdɪsko]
supermarkt (de)	supermarket (m)	[supɛrmarket]

bakkerij (de)	pekařství (s)	[pɛkarʃstviː]
bakker (de)	pekař (m)	[pɛkarʃ]
banketbakkerij (de)	cukrárna (ž)	[tsukraːrna]
kruidenier (de)	smíšené zboží (s)	[smiʃɛnɛ zboʒiː]
slagerij (de)	řeznictví (s)	[rʒɛznɪtstviː]

groentewinkel (de)	zelinářství (s)	[zɛlɪnaːrʃstviː]
markt (de)	tržnice (ž)	[trʒnɪtsɛ]

koffiehuis (het)	kavárna (ž)	[kavaːrna]
restaurant (het)	restaurace (ž)	[rɛstauratsɛ]
bar (de)	pivnice (ž)	[pɪvnɪtsɛ]
pizzeria (de)	pizzerie (ž)	[pɪtsɛrɪe]

kapperssalon (de/het)	holičství (s) a kadeřnictví	[holɪtʃstviː a kadɛrʒnɪtstviː]
postkantoor (het)	pošta (ž)	[poʃta]
stomerij (de)	čistírna (ž)	[tʃɪstiːrna]
fotostudio (de)	fotografický ateliér (m)	[fotografɪtski atɛlɪeːr]

schoenwinkel (de)	obchod (m) s obuví	[obxot s obuviː]
boekhandel (de)	knihkupectví (s)	[knɪxkupɛtstviː]

sportwinkel (de) sportovní potřeby (ž mn) [sportovni: potrʃɛbɪ]
kledingreparatie (de) opravna (ž) oděvů [opravna odevu:]
kledingverhuur (de) půjčovna (ž) oděvů [pu:jtʃovna odevu:]
videotheek (de) půjčovna (ž) filmů [pu:jtʃovna fɪlmu:]

circus (de/het) cirkus (m) [tsɪrkus]
dierentuin (de) zoologická zahrada (ž) [zoologɪtska: zahrada]
bioscoop (de) biograf (m) [bɪograf]
museum (het) muzeum (s) [muzɛum]
bibliotheek (de) knihovna (ž) [knɪhovna]

theater (het) divadlo (s) [dɪvadlo]
opera (de) opera (ž) [opɛra]
nachtclub (de) noční klub (m) [notʃni: klup]
casino (het) kasino (s) [kasi:no]

moskee (de) mešita (ž) [mɛʃɪta]
synagoge (de) synagóga (ž) [sinago:ga]
kathedraal (de) katedrála (ž) [katɛdra:la]
tempel (de) chrám (m) [xra:m]
kerk (de) kostel (m) [kostɛl]

instituut (het) vysoká škola (ž) [vɪsoka: ʃkola]
universiteit (de) univerzita (ž) [unɪvɛrzɪta]
school (de) škola (ž) [ʃkola]

gemeentehuis (het) prefektura (ž) [prɛfɛktura]
stadhuis (het) magistrát (m) [magɪstra:t]
hotel (het) hotel (m) [hotɛl]
bank (de) banka (ž) [baŋka]

ambassade (de) velvyslanectví (s) [vɛlvɪslanɛtstvi:]
reisbureau (het) cestovní kancelář (ž) [tsɛstovni: kantsɛla:rʃ]
informatieloket (het) informační kancelář (ž) [ɪnformatʃni: kantsɛla:rʃ]
wisselkantoor (het) směnárna (ž) [smnena:rna]

metro (de) metro (s) [mɛtro]
ziekenhuis (het) nemocnice (ž) [nɛmotsnɪtsɛ]

benzinestation (het) benzínová stanice (ž) [bɛnzi:nova: stanɪtsɛ]
parking (de) parkoviště (s) [parkovɪʃte]

55. Borden

gevelreclame (de) ukazatel (m) směru [ukazatɛl smneru]
opschrift (het) nápis (m) [na:pɪs]
poster (de) plakát (m) [plaka:t]
wegwijzer (de) ukazatel (m) [ukazatɛl]
pijl (de) šípka (ž) [ʃi:pka]

waarschuwing (verwittiging) varování (s) [varova:ni:]
waarschuwingsbord (het) výstraha (ž) [vi:straha]
waarschuwen (ww) upozorňovat [upozorni̯ovat]
vrije dag (de) volný den (m) [volni: dɛn]

dienstregeling (de)	jízdní řád (m)	[ji:zdni: rʒa:t]
openingsuren (mv.)	pracovní doba (ž)	[pratsovni: doba]
WELKOM!	VÍTEJTE!	[vi:tɛjtɛ]
INGANG	VCHOD	[vxot]
UITGANG	VÝCHOD	[vi:xot]
DUWEN	TAM	[tam]
TREKKEN	SEM	[sɛm]
OPEN	OTEVŘENO	[otɛvrʒɛno]
GESLOTEN	ZAVŘENO	[zavrʒɛno]
DAMES	ŽENY	[ʒenɪ]
HEREN	MUŽI	[muʒɪ]
KORTING	SLEVY	[slɛvɪ]
UITVERKOOP	VÝPRODEJ	[vi:prodɛj]
NIEUW!	NOVINKA!	[novɪŋka]
GRATIS	ZDARMA	[zdarma]
PAS OP!	POZOR!	[pozor]
VOLGEBOEKT	VOLNÁ MÍSTA NEJSOU	[volna: mi:sta nɛjsou]
GERESERVEERD	ZADÁNO	[zada:no]
ADMINISTRATIE	KANCELÁŘ	[kantsɛla:rʒ]
ALLEEN VOOR PERSONEEL	POUZE PRO PERSONÁL	[pouzɛ pro pɛrsona:l]
GEVAARLIJKE HOND	POZOR! ZLÝ PES	[pozor zli: pɛs]
VERBODEN TE ROKEN!	ZÁKAZ KOUŘENÍ	[za:kaz kourʒɛni:]
NIET AANRAKEN!	NEDOTÝKEJTE SE!	[nɛdoti:kɛjtɛ sɛ]
GEVAARLIJK	NEBEZPEČNÉ	[nɛbɛzpɛtʃnɛ:]
GEVAAR	NEBEZPEČÍ	[nɛbɛzpɛtʃi:]
HOOGSPANNING	VYSOKÉ NAPĚTÍ	[vɪsokɛ: napeti:]
VERBODEN TE ZWEMMEN	KOUPÁNÍ ZAKÁZÁNO	[koupa:ni: zaka:za:no]
BUITEN GEBRUIK	MIMO PROVOZ	[mɪmo provoz]
ONTVLAMBAAR	VYSOCE HOŘLAVÝ	[vɪsotsɛ horʒlavi:]
VERBODEN	ZÁKAZ	[za:kaz]
DOORGANG VERBODEN	PRŮCHOD ZAKÁZÁN	[pru:xot zaka:za:n]
OPGELET PAS GEVERFD	ČERSTVĚ NATŘENO	[tʃɛrstve natrʃɛno]

56. Stedelijk vervoer

bus, autobus (de)	autobus (m)	[autobus]
tram (de)	tramvaj (ž)	[tramvaj]
trolleybus (de)	trolejbus (m)	[trolɛjbus]
route (de)	trasa (ž)	[trasa]
nummer (busnummer, enz.)	číslo (s)	[tʃi:slo]
rijden met ...	jet	[jɛt]
stappen (in de bus ~)	nastoupit do ...	[nastoupɪt do]
afstappen (ww)	vystoupit z ...	[vɪstoupɪt z]

halte (de)	zastávka (ž)	[zastaːfka]
volgende halte (de)	příští zastávka (ž)	[prʃiːʃti zastaːfka]
eindpunt (het)	konečná stanice (ž)	[konɛtʃna: stanɪtsɛ]
dienstregeling (de)	jízdní řád (m)	[jiːzdni: r̝aːt]
wachten (ww)	čekat	[tʃɛkat]

| kaartje (het) | jízdenka (ž) | [jiːzdɛŋka] |
| reiskosten (de) | jízdné (s) | [jiːzdnɛː] |

kassier (de)	pokladník (m)	[pokladniːk]
kaartcontrole (de)	kontrola (ž)	[kontrola]
controleur (de)	revizor (m)	[rɛvɪzor]

te laat zijn (ww)	mít zpoždění	[miːt spoʒdɛniː]
missen (de bus ~)	opozdit se	[opozdɪt sɛ]
zich haasten (ww)	pospíchat	[pospiːxat]

taxi (de)	taxík (m)	[taksiːk]
taxichauffeur (de)	taxikář (m)	[taksɪkaːrʃ]
met de taxi (bw)	taxíkem	[taksiːkɛm]
taxistandplaats (de)	stanoviště (s) taxíků	[stanovɪʃte taksiːkuː]
een taxi bestellen	zavolat taxíka	[zavolat taksiːka]
een taxi nemen	vzít taxíka	[vziːt taksiːka]

verkeer (het)	uliční provoz (m)	[ulɪtʃni: provoz]
file (de)	zácpa (ž)	[zaːtspa]
spitsuur (het)	špička (ž)	[ʃpɪtʃka]
parkeren (on.ww.)	parkovat se	[parkovat sɛ]
parkeren (ov.ww.)	parkovat	[parkovat]
parking (de)	parkoviště (s)	[parkovɪʃte]

metro (de)	metro (s)	[mɛtro]
halte (bijv. kleine treinhalte)	stanice (ž)	[stanɪtsɛ]
de metro nemen	jet metrem	[jɛt mɛtrɛm]
trein (de)	vlak (m)	[vlak]
station (treinstation)	nádraží (s)	[naːdraʒiː]

57. Bezienswaardigheden

monument (het)	památka (ž)	[pamaːtka]
vesting (de)	pevnost (ž)	[pɛvnost]
paleis (het)	palác (m)	[palaːts]
kasteel (het)	zámek (m)	[zaːmɛk]
toren (de)	věž (ž)	[vɛʃ]
mausoleum (het)	mauzoleum (s)	[mauzolɛum]

architectuur (de)	architektura (ž)	[arxɪtɛktura]
middeleeuws (bn)	středověký	[strʃɛdovekiː]
oud (bn)	starobylý	[starobɪliː]
nationaal (bn)	národní	[naːrodniː]
bekend (bn)	známý	[znaːmiː]

| toerist (de) | turista (m) | [turɪsta] |
| gids (de) | průvodce (m) | [pruːvodtsɛ] |

rondleiding (de)	výlet (m)	[vi:lɛt]
tonen (ww)	ukazovat	[ukazovat]
vertellen (ww)	povídat	[povi:dat]
vinden (ww)	najít	[naji:t]
verdwalen (de weg kwijt zijn)	ztratit se	[stratɪtsɛ]
plattegrond (~ van de metro)	plán (m)	[pla:n]
plattegrond (~ van de stad)	plán (m)	[pla:n]
souvenir (het)	suvenýr (m)	[suvɛni:r]
souvenirwinkel (de)	prodejna (ž) suvenýrů	[prodɛjna suvɛni:ru:]
foto's maken	fotografovat	[fotografovat]
zich laten fotograferen	fotografovat se	[fotografovat sɛ]

58. Winkelen

kopen (ww)	kupovat	[kupovat]
aankoop (de)	nákup (m)	[na:kup]
winkelen (ww)	dělat nákupy	[delat na:kupɪ]
winkelen (het)	nakupování (s)	[nakupova:ni:]
open zijn (ov. een winkel, enz.)	být otevřen	[bi:t otɛvrʒɛn]
gesloten zijn (ww)	být zavřen	[bi:t zavrʒɛn]
schoeisel (het)	obuv (ž)	[obuf]
kleren (mv.)	oblečení (s)	[oblɛtʃɛni:]
cosmetica (mv.)	kosmetika (ž)	[kosmɛtɪka]
voedingswaren (mv.)	potraviny (ž mn)	[potravɪnɪ]
geschenk (het)	dárek (m)	[da:rɛk]
verkoper (de)	prodavač (m)	[prodavatʃ]
verkoopster (de)	prodavačka (ž)	[prodavatʃka]
kassa (de)	pokladna (ž)	[pokladna]
spiegel (de)	zrcadlo (s)	[zrtsadlo]
toonbank (de)	pult (m)	[pult]
paskamer (de)	zkušební kabinka (ž)	[skuʃɛbni: kabɪŋka]
aanpassen (ww)	zkusit	[skusɪt]
passen (ov. kleren)	hodit se	[hodɪt sɛ]
bevallen (prettig vinden)	líbit se	[li:bɪt sɛ]
prijs (de)	cena (ž)	[tsɛna]
prijskaartje (het)	cenovka (ž)	[tsɛnofka]
kosten (ww)	stát	[sta:t]
Hoeveel?	Kolik?	[kolɪk]
korting (de)	sleva (ž)	[slɛva]
niet duur (bn)	levný	[lɛvni:]
goedkoop (bn)	levný	[lɛvni:]
duur (bn)	drahý	[drahi:]
Dat is duur.	To je drahé	[to jɛ drahɛ:]
verhuur (de)	půjčování (s)	[pu:jtʃova:ni:]

huren (smoking, enz.)   vypůjčit si   [vɪpuːjtʃɪt sɪ]
krediet (het)   úvěr (m)   [uːver]
op krediet (bw)   na splátky   [na splaːtkɪ]

59. Geld

geld (het)   peníze (m mn)   [pɛniːzɛ]
ruil (de)   výměna (ž)   [viːmnena]
koers (de)   kurz (m)   [kurs]
geldautomaat (de)   bankomat (m)   [baŋkomat]
muntstuk (de)   mince (ž)   [mɪntsɛ]

dollar (de)   dolar (m)   [dolar]
euro (de)   euro (s)   [ɛuro]

lire (de)   lira (ž)   [lɪra]
Duitse mark (de)   marka (ž)   [marka]
frank (de)   frank (m)   [fraŋk]
pond sterling (het)   libra (ž) šterlinků   [lɪbra ʃtɛrlɪŋkuː]
yen (de)   jen (m)   [jɛn]

schuld (geldbedrag)   dluh (m)   [dlux]
schuldenaar (de)   dlužník (m)   [dluʒniːk]
uitlenen (ww)   půjčit   [puːjtʃɪt]
lenen (geld ~)   půjčit si   [puːjtʃɪt sɪ]

bank (de)   banka (ž)   [baŋka]
bankrekening (de)   účet (m)   [uːtʃɛt]
op rekening storten   uložit na účet   [uloʒɪt na uːtʃɛt]
opnemen (ww)   vybrat z účtu   [vɪbrat s uːtʃtu]

kredietkaart (de)   kreditní karta (ž)   [krɛdɪtniː karta]
baar geld (het)   hotové peníze (m mn)   [hotovɛː pɛniːzɛ]
cheque (de)   šek (m)   [ʃɛk]
een cheque uitschrijven   vystavit šek   [vɪstavɪt ʃɛk]
chequeboekje (het)   šeková knížka (ž)   [ʃɛkova kniːʃka]

portefeuille (de)   náprsní taška (ž)   [naːprsniː taʃka]
geldbeugel (de)   peněženka (ž)   [pɛneʒeŋka]
safe (de)   trezor (m)   [trɛzor]

erfgenaam (de)   dědic (m)   [dedɪts]
erfenis (de)   dědictví (s)   [dedɪtstviː]
fortuin (het)   majetek (m)   [majɛtɛk]

huur (de)   nájem (m)   [naːjɛm]
huurprijs (de)   činže (ž)   [tʃɪnʒe]
huren (huis, kamer)   pronajímat si   [pronajiːmat sɪ]

prijs (de)   cena (ž)   [tsɛna]
kostprijs (de)   cena (ž)   [tsɛna]
som (de)   částka (ž)   [tʃaːstka]
uitgeven (geld besteden)   utrácet   [utraːtsɛt]
kosten (mv.)   náklady (m mn)   [naːkladɪ]

bezuinigen (ww)	šetřit	[ʃɛtrʃɪt]
zuinig (bn)	úsporný	[uːsporniː]
betalen (ww)	platit	[platɪt]
betaling (de)	platba (ž)	[platba]
wisselgeld (het)	peníze (m mn) nazpět	[pɛniːzɛ naspet]
belasting (de)	daň (ž)	[danʲ]
boete (de)	pokuta (ž)	[pokuta]
beboeten (bekeuren)	pokutovat	[pokutovat]

60. Post. Postkantoor

postkantoor (het)	pošta (ž)	[poʃta]
post (de)	pošta (ž)	[poʃta]
postbode (de)	listonoš (m)	[lɪstonoʃ]
openingsuren (mv.)	pracovní doba (ž)	[pratsovniː doba]
brief (de)	dopis (m)	[dopɪs]
aangetekende brief (de)	doporučený dopis (m)	[doporutʃɛniː dopɪs]
briefkaart (de)	pohlednice (ž)	[pohlɛdnɪtsɛ]
telegram (het)	telegram (m)	[tɛlɛgram]
postpakket (het)	balík (m)	[baliːk]
overschrijving (de)	peněžní poukázka (ž)	[pɛneʒniː poukaːska]
ontvangen (ww)	dostat	[dostat]
sturen (zenden)	odeslat	[odɛslat]
verzending (de)	odeslání (s)	[odɛslaːniː]
adres (het)	adresa (ž)	[adrɛsa]
postcode (de)	poštovní směrovací číslo (s)	[poʃtovniː smnerovatsiː tʃiːslo]
verzender (de)	odesílatel (m)	[odɛsiːlatɛl]
ontvanger (de)	příjemce (m)	[prʃiːjɛmtsɛ]
naam (de)	jméno (s)	[jmɛːno]
achternaam (de)	příjmení (s)	[prʃiːjmɛniː]
tarief (het)	tarif (m)	[tarɪf]
standaard (bn)	obyčejný	[obɪtʃɛjniː]
zuinig (bn)	zlevněný	[zlɛvneniː]
gewicht (het)	váha (ž)	[vaːha]
afwegen (op de weegschaal)	vážit	[vaːʒɪt]
envelop (de)	obálka (ž)	[obaːlka]
postzegel (de)	známka (ž)	[znaːmka]
een postzegel plakken op	nalepovat známku	[nalɛpovat znaːmku]

Woning. Huis. Thuis

61. Huis. Elektriciteit

elektriciteit (de)	elektřina (ž)	[ɛlɛktrʃɪna]
lamp (de)	žárovka (ž)	[ʒaːrofka]
schakelaar (de)	vypínač (m)	[vɪpiːnatʃ]
zekering (de)	pojistka (ž)	[pojɪstka]
draad (de)	vodič (m)	[vodɪtʃ]
bedrading (de)	vedení (s)	[vɛdɛniː]
elektriciteitsmeter (de)	elektroměr (m)	[ɛlɛktromner]
gegevens (mv.)	údaj (m)	[uːdaj]

62. Villa. Herenhuis

landhuisje (het)	venkovský dům (m)	[vɛŋkovskiː duːm]
villa (de)	vila (ž)	[vɪla]
vleugel (de)	křídlo (s)	[krʃiːdlo]
tuin (de)	zahrada (ž)	[zahrada]
park (het)	park (m)	[park]
oranjerie (de)	oranžérie (ž)	[oranʒeːrɪe]
onderhouden (tuin, enz.)	zahradničit	[zahradnɪtʃɪt]
zwembad (het)	bazén (m)	[bazɛːn]
gym (het)	tělocvična (ž)	[telotsvɪtʃna]
tennisveld (het)	tenisový kurt (m)	[tɛnɪsoviː kurt]
bioscoopkamer (de)	biograf (m)	[bɪograf]
garage (de)	garáž (ž)	[garaːʃ]
privé-eigendom (het)	soukromé vlastnictví (s)	[soukromɛː vlastnɪtstviː]
eigen terrein (het)	soukromý pozemek (m)	[soukromiː pozɛmɛk]
waarschuwing (de)	výstraha (ž)	[viːstraha]
waarschuwingsbord (het)	výstražný nápis (m)	[viːstraʒniː naːpɪs]
bewaking (de)	stráž (ž)	[straːʃ]
bewaker (de)	strážce (m)	[straːʒtsɛ]
inbraakalarm (het)	signalizace (ž)	[sɪgnalɪzatsɛ]

63. Appartement

appartement (het)	byt (m)	[bɪt]
kamer (de)	pokoj (m)	[pokoj]
slaapkamer (de)	ložnice (ž)	[loʒnɪtsɛ]

eetkamer (de)	jídelna (ž)	[ji:dɛlna]
salon (de)	přijímací pokoj (m)	[prʃɪji:matsi: pokoj]
studeerkamer (de)	pracovna (ž)	[pratsovna]
gang (de)	předsíň (ž)	[prʃɛtsi:nʲ]
badkamer (de)	koupelna (ž)	[koupɛlna]
toilet (het)	záchod (m)	[za:xot]
plafond (het)	strop (m)	[strop]
vloer (de)	podlaha (ž)	[podlaha]
hoek (de)	kout (m)	[kout]

64. Meubels. Interieur

meubels (mv.)	nábytek (m)	[na:bɪtɛk]
tafel (de)	stůl (m)	[stu:l]
stoel (de)	židle (ž)	[ʒɪdlɛ]
bed (het)	lůžko (s)	[lu:ʃko]
bankstel (het)	pohovka (ž)	[pohofka]
fauteuil (de)	křeslo (s)	[krʃɛslo]
boekenkast (de)	knihovna (ž)	[knɪhovna]
boekenrek (het)	police (ž)	[polɪtsɛ]
kledingkast (de)	skříň (ž)	[skrʃi:nʲ]
kapstok (de)	předsíňový věšák (m)	[prʃɛdsi:novi: veʃa:k]
staande kapstok (de)	stojanový věšák (m)	[stojanovi: veʃa:k]
commode (de)	prádelník (m)	[pra:dɛlni:k]
salontafeltje (het)	konferenční stolek (m)	[konfɛrɛntʃni: stolɛk]
spiegel (de)	zrcadlo (s)	[zrtsadlo]
tapijt (het)	koberec (m)	[kobɛrɛts]
tapijtje (het)	kobereček (m)	[kobɛrɛtʃɛk]
haard (de)	krb (m)	[krp]
kaars (de)	svíce (ž)	[svi:tsɛ]
kandelaar (de)	svícen (m)	[svi:tsɛn]
gordijnen (mv.)	záclony (ž mn)	[za:tslonɪ]
behang (het)	tapety (ž mn)	[tapɛtɪ]
jaloezie (de)	žaluzie (ž)	[ʒaluzɪe]
bureaulamp (de)	stolní lampa (ž)	[stolni: lampa]
wandlamp (de)	svítidlo (s)	[svi:tɪdlo]
staande lamp (de)	stojací lampa (ž)	[stojatsi: lampa]
luchter (de)	lustr (m)	[lustr]
poot (ov. een tafel, enz.)	noha (ž)	[noha]
armleuning (de)	područka (ž)	[podrutʃka]
rugleuning (de)	opěradlo (s)	[operadlo]
la (de)	zásuvka (ž)	[za:sufka]

65. Beddengoed

beddengoed (het)	ložní prádlo (s)	[loʒni: pra:dlo]
kussen (het)	polštář (m)	[polʃta:rʃ]
kussenovertrek (de)	povlak (m) na polštář	[povlak na polʃta:rʒ]
deken (de)	deka (ž)	[dɛka]
laken (het)	prostěradlo (s)	[prosteradlo]
sprei (de)	přikrývka (ž)	[prʃɪkri:fka]

66. Keuken

keuken (de)	kuchyně (ž)	[kuxɪne]
gas (het)	plyn (m)	[plɪn]
gasfornuis (het)	plynový sporák (m)	[plɪnovi: spora:k]
elektrisch fornuis (het)	elektrický sporák (m)	[ɛlɛktrɪtski: spora:k]
oven (de)	trouba (ž)	[trouba]
magnetronoven (de)	mikrovlnná pec (ž)	[mɪkrovlnna: pɛts]
koelkast (de)	lednička (ž)	[lɛdnɪtʃka]
diepvriezer (de)	mrazicí komora (ž)	[mrazɪtsi: komora]
vaatwasmachine (de)	myčka (ž) nádobí	[mɪtʃka na:dobi:]
vleesmolen (de)	mlýnek (m) na maso	[mli:nɛk na maso]
vruchtenpers (de)	odšťavňovač (m)	[otʃtʲavnʲovatʃ]
toaster (de)	opékač (m) topinek	[opɛ:katʃ topɪnɛk]
mixer (de)	mixér (m)	[mɪksɛ:r]
koffiemachine (de)	kávovar (m)	[ka:vovar]
koffiepot (de)	konvice (ž) na kávu	[konvɪtsɛ na ka:vu]
koffiemolen (de)	mlýnek (m) na kávu	[mli:nɛk na ka:vu]
fluitketel (de)	čajník (m)	[tʃajni:k]
theepot (de)	čajová konvice (ž)	[tʃajova: konvɪtsɛ]
deksel (de/het)	poklička (ž)	[poklɪtʃka]
theezeefje (het)	cedítko (s)	[tsɛdi:tko]
lepel (de)	lžíce (ž)	[lʒi:tsɛ]
theelepeltje (het)	kávová lžička (ž)	[ka:vova: lʒɪtʃka]
eetlepel (de)	polévková lžíce (ž)	[polɛ:fkova: lʒi:tsɛ]
vork (de)	vidlička (ž)	[vɪdlɪtʃka]
mes (het)	nůž (m)	[nu:ʃ]
vaatwerk (het)	nádobí (s)	[na:dobi:]
bord (het)	talíř (m)	[tali:rʃ]
schoteltje (het)	talířek (m)	[tali:rʒɛk]
likeurglas (het)	sklenička (ž)	[sklɛnɪtʃka]
glas (het)	sklenice (ž)	[sklɛnɪtsɛ]
kopje (het)	šálek (m)	[ʃa:lɛk]
suikerpot (de)	cukřenka (ž)	[tsukrʃɛŋka]
zoutvat (het)	solnička (ž)	[solnɪtʃka]
pepervat (het)	pepřenka (ž)	[pɛprʃɛŋka]

Dutch	Czech	Pronunciation
boterschaaltje (het)	nádobka (ž) na máslo	[naːdopka na maːslo]
pan (de)	hrnec (m)	[hrnɛts]
bakpan (de)	pánev (ž)	[paːnɛf]
pollepel (de)	naběračka (ž)	[naberatʃka]
vergiet (de/het)	cedník (m)	[tsɛdniːk]
dienblad (het)	podnos (m)	[podnos]
fles (de)	láhev (ž)	[laːhɛf]
glazen pot (de)	sklenice (ž)	[sklɛnɪtsɛ]
blik (conserven~)	plechovka (ž)	[plɛxofka]
flesopener (de)	otvírač (m) lahví	[otviːratʃ lahviː]
blikopener (de)	otvírač (m) konzerv	[otviːratʃ konzɛrf]
kurkentrekker (de)	vývrtka (ž)	[viːvrtka]
filter (de/het)	filtr (m)	[fɪltr]
filteren (ww)	filtrovat	[fɪltrovat]
huisvuil (het)	odpadky (m mn)	[otpatkiː]
vuilnisemmer (de)	kbelík (m) na odpadky	[gbɛliːk na otpatkɪ]

67. Badkamer

Dutch	Czech	Pronunciation
badkamer (de)	koupelna (ž)	[koupɛlna]
water (het)	voda (ž)	[voda]
kraan (de)	kohout (m)	[kohout]
warm water (het)	teplá voda (ž)	[tɛplaː voda]
koud water (het)	studená voda (ž)	[studɛnaː voda]
tandpasta (de)	zubní pasta (ž)	[zubniː pasta]
tanden poetsen (ww)	čistit si zuby	[tʃɪstɪt sɪ zubɪ]
zich scheren (ww)	holit se	[holɪt sɛ]
scheercrème (de)	pěna (ž) na holení	[pena na holɛniː]
scheermes (het)	holicí strojek (m)	[holɪtsi: strojɛk]
wassen (ww)	mýt	[miːt]
een bad nemen	mýt se	[miːt sɛ]
douche (de)	sprcha (ž)	[sprxa]
een douche nemen	sprchovat se	[sprxovat sɛ]
bad (het)	vana (ž)	[vana]
toiletpot (de)	záchodová mísa (ž)	[zaːxodova: miːsa]
wastafel (de)	umývadlo (s)	[umiːvadlo]
zeep (de)	mýdlo (m)	[miːdlo]
zeepbakje (het)	miska (ž) na mýdlo	[mɪska na miːdlo]
spons (de)	mycí houba (ž)	[mɪtsiː houba]
shampoo (de)	šampon (m)	[ʃampon]
handdoek (de)	ručník (m)	[rutʃniːk]
badjas (de)	župan (m)	[ʒupan]
was (bijv. handwas)	praní (s)	[praniː]
wasmachine (de)	pračka (ž)	[pratʃka]

| de was doen | prát | [pra:t] |
| waspoeder (de) | prací prášek (m) | [pratsi: pra:ʃɛk] |

68. Huishoudelijke apparaten

televisie (de)	televizor (m)	[tɛlɛvɪzor]
cassettespeler (de)	magnetofon (m)	[magnɛtofon]
videorecorder (de)	videomagnetofon (m)	[vɪdɛomagnɛtofon]
radio (de)	přijímač (m)	[prʃɪji:matʃ]
speler (de)	přehrávač (m)	[prʃɛhra:vatʃ]

videoprojector (de)	projektor (m)	[projɛktor]
home theater systeem (het)	domácí biograf (m)	[doma:tsi: bɪograf]
DVD-speler (de)	DVD přehrávač (m)	[dɛvɛdɛ prʃɛhra:vatʃ]
versterker (de)	zesilovač (m)	[zɛsɪlovatʃ]
spelconsole (de)	hrací přístroj (m)	[hratsi: prʃi:stroj]

videocamera (de)	videokamera (ž)	[vɪdɛokamɛra]
fotocamera (de)	fotoaparát (m)	[fotoapara:t]
digitale camera (de)	digitální fotoaparát (m)	[dɪgɪta:lni: fotoapara:t]

stofzuiger (de)	vysavač (m)	[vɪsavatʃ]
strijkijzer (het)	žehlička (ž)	[ʒehlɪtʃka]
strijkplank (de)	žehlicí prkno (s)	[ʒehlɪtsi: prkno]

telefoon (de)	telefon (m)	[tɛlɛfon]
mobieltje (het)	mobilní telefon (m)	[mobɪlni: tɛlɛfon]
schrijfmachine (de)	psací stroj (m)	[psatsi: stroj]
naaimachine (de)	šicí stroj (m)	[ʃɪtsi: stroj]

microfoon (de)	mikrofon (m)	[mɪkrofon]
koptelefoon (de)	sluchátka (s mn)	[sluxa:tka]
afstandsbediening (de)	ovládač (m)	[ovla:datʃ]

CD (de)	CD disk (m)	[tsɛ:dɛ: dɪsk]
cassette (de)	kazeta (ž)	[kazɛta]
vinylplaat (de)	deska (ž)	[dɛska]

MENSELIJKE ACTIVITEITEN

Baan. Business. Deel 1

69. Kantoor. Op kantoor werken

kantoor (het)	kancelář (ž)	[kantsɛla:rʃ]
kamer (de)	pracovna (ž)	[pratsovna]
receptie (de)	recepce (ž)	[rɛtsɛptsɛ]
secretaris (de)	sekretář (m)	[sɛkrɛta:rʃ]
directeur (de)	ředitel (m)	[rʒɛdɪtɛl]
manager (de)	manažer (m)	[manaʒer]
boekhouder (de)	účetní (m, ž)	[u:tʃɛtni:]
werknemer (de)	zaměstnanec (m)	[zamnestnanɛts]
meubilair (het)	nábytek (m)	[na:bɪtɛk]
tafel (de)	stůl (m)	[stu:l]
bureaustoel (de)	křeslo (s)	[krʃɛslo]
ladeblok (het)	zásuvkový díl (ž)	[za:sufkovi: di:l]
kapstok (de)	věšák (m)	[vɛʃa:k]
computer (de)	počítač (m)	[potʃi:tatʃ]
printer (de)	tiskárna (ž)	[tɪska:rna]
fax (de)	fax (m)	[faks]
kopieerapparaat (het)	kopírovací přístroj (m)	[kopi:rovatsi: prʃi:stroj]
papier (het)	papír (m)	[papi:r]
kantoorartikelen (mv.)	kancelářské potřeby (ž mn)	[kantsɛlarʃskɛ: potrʃɛbɪ]
muismat (de)	podložka (ž) pro myš	[podloʃka pro mɪʃ]
blad (het)	list (m)	[lɪst]
ordner (de)	fascikl (m)	[fastsɪkl]
catalogus (de)	katalog (m)	[katalok]
telefoongids (de)	příručka (ž)	[prʃi:rutʃka]
documentatie (de)	dokumentace (ž)	[dokumɛntatsɛ]
brochure (de)	brožura (ž)	[broʒura]
flyer (de)	leták (m)	[lɛta:k]
monster (het), staal (de)	vzor (m)	[vzor]
training (de)	trénink (m)	[trɛ:nɪŋk]
vergadering (de)	porada (ž)	[porada]
lunchpauze (de)	polední přestávka (ž)	[polɛdni: prʃɛsta:fka]
een kopie maken	dělat kopii	[delat kopɪjɪ]
de kopieën maken	rozmnožit	[rozmnoʒɪt]
een fax ontvangen	přijímat fax	[prʃɪji:mat faks]
een fax versturen	odesílat fax	[odɛsi:lat faks]
opbellen (ww)	zavolat	[zavolat]

| antwoorden (ww) | odpovědět | [otpovedet] |
| doorverbinden (ww) | spojit | [spojɪt] |

afspreken (ww)	stanovovat	[stanovovat]
demonstreren (ww)	demonstrovat	[dɛmonstrovat]
absent zijn (ww)	být nepřítomen	[bi:t nɛprʃi:tomɛn]
afwezigheid (de)	absence (ž)	[apsɛnʦɛ]

70. Bedrijfsprocessen. Deel 1

zaak (de), beroep (het)	práce (ž)	[pra:ʦɛ]
firma (de)	firma (ž)	[fɪrma]
bedrijf (maatschap)	společnost (ž)	[spolɛtʃnost]
corporatie (de)	korporace (ž)	[korporaʦɛ]
onderneming (de)	podnik (m)	[podnɪk]
agentschap (het)	agentura (ž)	[agɛntura]

overeenkomst (de)	smlouva (ž)	[smlouva]
contract (het)	kontrakt (m)	[kontrakt]
transactie (de)	obchod (m)	[obxot]
bestelling (de)	objednávka (ž)	[objɛdna:fka]
voorwaarde (de)	podmínka (ž)	[podmi:ŋka]

in het groot (bw)	ve velkém	[vɛ vɛlkɛ:m]
groothandels- (abn)	velkoobchodní	[vɛlkoobxodni:]
groothandel (de)	prodej (m) ve velkém	[prodɛj vɛ vɛlkɛ:m]
kleinhandels- (abn)	maloobchodní	[maloobxodni:]
kleinhandel (de)	prodej (m) v drobném	[prodɛj v drobnɛ:m]

concurrent (de)	konkurent (m)	[koŋkurɛnt]
concurrentie (de)	konkurence (ž)	[koŋkurɛnʦɛ]
concurreren (ww)	konkurovat	[koŋkurovat]

| partner (de) | partner (m) | [partnɛr] |
| partnerschap (het) | partnerství (s) | [partnɛrstvi:] |

crisis (de)	krize (ž)	[krɪzɛ]
bankroet (het)	bankrot (m)	[baŋkrot]
bankroet gaan (ww)	zbankrotovat	[zbaŋkrotovat]
moeilijkheid (de)	potíž (ž)	[poti:ʃ]
probleem (het)	problém (m)	[problɛ:m]
catastrofe (de)	katastrofa (ž)	[katastrofa]

economie (de)	ekonomika (ž)	[ɛkonomɪka]
economisch (bn)	ekonomický	[ɛkonomɪtski:]
economische recessie (de)	hospodářský pokles (m)	[hospoda:rʃski: poklɛs]

| doel (het) | cíl (m) | [ʦi:l] |
| taak (de) | úkol (m) | [u:kol] |

handelen (handel drijven)	obchodovat	[obxodovat]
netwerk (het)	síť (ž)	[si:tʲ]
voorraad (de)	sklad (m)	[sklat]
assortiment (het)	sortiment (m)	[sortɪmɛnt]

leider (de)	předák (m)	[prʃɛdaːk]
groot (bn)	velký	[vɛlkiː]
monopolie (het)	monopol (m)	[monopol]
theorie (de)	teorie (ž)	[tɛorɪe]
praktijk (de)	praxe (ž)	[praksɛ]
ervaring (de)	zkušenost (ž)	[skuʃɛnost]
tendentie (de)	tendence (ž)	[tɛndɛntsɛ]
ontwikkeling (de)	rozvoj (m)	[rozvoj]

71. Bedrijfsprocessen. Deel 2

voordeel (het)	výhoda (ž)	[viːhoda]
voordelig (bn)	výhodný	[viːhodniː]
delegatie (de)	delegace (ž)	[dɛlɛgatsɛ]
salaris (het)	mzda (ž)	[mzda]
corrigeren (fouten ~)	opravovat	[opravovat]
zakenreis (de)	služební cesta (ž)	[sluʒebniː tsɛsta]
commissie (de)	komise (ž)	[komɪsɛ]
controleren (ww)	kontrolovat	[kontrolovat]
conferentie (de)	konference (ž)	[konfɛrɛntsɛ]
licentie (de)	licence (ž)	[lɪtsɛntsɛ]
betrouwbaar (partner, enz.)	spolehlivý	[spolɛhlɪviː]
aanzet (de)	iniciativa (ž)	[ɪnɪtsɪatɪva]
norm (bijv. ~ stellen)	norma (ž)	[norma]
omstandigheid (de)	okolnost (ž)	[okolnost]
taak, plicht (de)	povinnost (ž)	[povɪnnost]
organisatie (bedrijf, zaak)	organizace (ž)	[organɪzatsɛ]
organisatie (proces)	organizace (ž)	[organɪzatsɛ]
georganiseerd (bn)	organizovaný	[organɪzovaniː]
afzegging (de)	zrušení (s)	[zruʃɛniː]
afzeggen (ww)	zrušit	[zruʃɪt]
verslag (het)	zpráva (ž)	[spraːva]
patent (het)	patent (m)	[patɛnt]
patenteren (ww)	patentovat	[patɛntovat]
plannen (ww)	plánovat	[plaːnovat]
premie (de)	prémie (ž)	[prɛːmɪe]
professioneel (bn)	profesionální	[profɛsɪonaːlniː]
procedure (de)	procedura (ž)	[protsɛdura]
onderzoeken (contract, enz.)	projednat	[projɛdnat]
berekening (de)	výpočet (m)	[viːpotʃɛt]
reputatie (de)	reputace (ž)	[rɛputatsɛ]
risico (het)	riziko (s)	[rɪzɪko]
beheren (managen)	řídit	[rʒiːdɪt]
informatie (de)	údaje (m mn)	[uːdajɛ]
eigendom (bezit)	vlastnictví (s)	[vlastnɪtstviː]

unie (de)	unie (ž)	[unɪe]
levensverzekering (de)	pojištění (s) života	[pojɪʃteni: ʒɪvota]
verzekeren (ww)	pojišťovat	[pojɪʃťovat]
verzekering (de)	pojistka (ž)	[pojɪstka]
veiling (de)	dražba (ž)	[draʒba]
verwittigen (ww)	uvědomit	[uvedomɪt]
beheer (het)	řízení (s)	[rʒi:zɛni:]
dienst (de)	služba (ž)	[sluʒba]
forum (het)	fórum (s)	[fo:rum]
functioneren (ww)	fungovat	[fungovat]
stap, etappe (de)	etapa (ž)	[ɛtapa]
juridisch (bn)	právnický	[pra:vnɪtski:]
jurist (de)	právník (m)	[pra:vni:k]

72. Productie. Werken

industriële installatie (fabriek)	závod (m)	[za:vot]
fabriek (de)	továrna (ž)	[tova:rna]
werkplaatsruimte (de)	dílna (ž)	[di:lna]
productielocatie (de)	podnik (m)	[podnɪk]
industrie (de)	průmysl (m)	[pru:mɪsl]
industrieel (bn)	průmyslový	[pru:mɪslovi:]
zware industrie (de)	těžký průmysl (m)	[tɛʃki: pru:mɪsl]
lichte industrie (de)	lehký průmysl (m)	[lɛhki: pru:mɪsl]
productie (de)	výroba (ž)	[vi:roba]
produceren (ww)	vyrábět	[vɪra:bet]
grondstof (de)	surovina (ž)	[surovɪna]
voorman, ploegbaas (de)	četař (m)	[tʃɛtarʃ]
ploeg (de)	brigáda (ž)	[brɪga:da]
arbeider (de)	dělník (m)	[delni:k]
werkdag (de)	pracovní den (m)	[pratsovni: dɛn]
pauze (de)	přestávka (ž)	[prʃɛsta:fka]
samenkomst (de)	schůze (ž)	[sxu:zɛ]
bespreken (spreken over)	projednávat	[projɛdna:vat]
plan (het)	plán (m)	[pla:n]
het plan uitvoeren	plnit plán	[plnɪt pla:n]
productienorm (de)	norma (ž)	[norma]
kwaliteit (de)	kvalita (ž)	[kvalɪta]
controle (de)	kontrola (ž)	[kontrola]
kwaliteitscontrole (de)	kontrola (ž) kvality	[kontrola kvalɪtɪ]
arbeidsveiligheid (de)	bezpečnost (ž) práce	[bɛzpɛtʃnost pra:tsɛ]
discipline (de)	kázeň (ž)	[ka:zɛnʲ]
overtreding (de)	přestupek (m)	[prʃɛstupɛk]
overtreden (ww)	nedodržovat	[nɛdodrʒovat]
staking (de)	stávka (ž)	[sta:fka]
staker (de)	stávkující (m)	[sta:fkuji:tsi:]

staken (ww)	stávkovat	[staːfkovat]
vakbond (de)	odbory (m)	[odborɪ]

uitvinden (machine, enz.)	vynalézat	[vɪnalɛːzat]
uitvinding (de)	vynález (m)	[vɪnalɛːz]
onderzoek (het)	výzkum (m)	[viːskum]
verbeteren (beter maken)	zlepšovat	[zlɛpʃovat]
technologie (de)	technologie (ž)	[tɛxnologɪe]
technische tekening (de)	výkres (m)	[viːkrɛs]

vracht (de)	náklad (m)	[naːklat]
lader (de)	nakládač (m)	[naklaːdatʃ]
laden (vrachtwagen)	nakládat	[naklaːdat]
laden (het)	nakládání (s)	[naklaːdaːnɪː]
lossen (ww)	vykládat	[vɪklaːdat]
lossen (het)	vykládání (s)	[vɪklaːdaːniː]

transport (het)	doprava (ž)	[doprava]
transportbedrijf (de)	dopravní společnost (ž)	[dopravniː spolɛtʃnost]
transporteren (ww)	dopravovat	[dopravovat]

goederenwagon (de)	nákladní vůz (m)	[naːkladniː vuːz]
tank (bijv. ketelwagen)	cisterna (ž)	[tsɪstɛrna]
vrachtwagen (de)	nákladní auto (s)	[naːkladniː auto]

machine (de)	stroj (m)	[stroj]
mechanisme (het)	mechanismus (m)	[mɛxanɪzmus]

industrieel afval (het)	odpad (m)	[otpat]
verpakking (de)	balení (s)	[balɛniː]
verpakken (ww)	zabalit	[zabalɪt]

73. Contract. Overeenstemming

contract (het)	kontrakt (m)	[kontrakt]
overeenkomst (de)	dohoda (ž)	[dohoda]
bijlage (de)	příloha (ž)	[prʃiːloha]

een contract sluiten	uzavřít kontrakt	[uzavrʒiːt kontrakt]
handtekening (de)	podpis (m)	[potpɪs]
ondertekenen (ww)	podepsat	[podɛpsat]
stempel (de)	razítko (s)	[raziːtko]

voorwerp (het) van de overeenkomst	předmět (m) smlouvy	[prʃɛdmnet smlouvɪ]
clausule (de)	bod (m)	[bot]
partijen (mv.)	strany (ž mn)	[stranɪ]
vestigingsadres (het)	sídlo (s)	[siːdlo]

het contract verbreken (overtreden)	porušit kontrakt	[poruʃɪt kontrakt]
verplichting (de)	závazek (m)	[zaːvazɛk]
verantwoordelijkheid (de)	odpovědnost (ž)	[otpovednost]
overmacht (de)	vyšší moc (ž)	[vɪʃi motṡ]

geschil (het)	spor (m)	[spor]
sancties (mv.)	sankční pokuta (ž)	[saŋktʃni: pokuta]

74. Import & Export

import (de)	dovoz, import (m)	[dovoz], [ɪmport]
importeur (de)	dovozce (m)	[dovoztsɛ]
importeren (ww)	dovážet	[dova:ʒet]
import- (abn)	dovozový	[dovozovi:]
exporteur (de)	vývozce (m)	[vi:voztsɛ]
exporteren (ww)	vyvážet	[vɪva:ʒet]
goederen (mv.)	zboží (s)	[zboʒi:]
partij (de)	partie (ž)	[partɪe]
gewicht (het)	váha (ž)	[va:ha]
volume (het)	objem (m)	[objɛm]
kubieke meter (de)	krychlový metr (m)	[krɪxlovi: mɛtr]
producent (de)	výrobce (m)	[vi:robtsɛ]
transportbedrijf (de)	dopravní společnost (ž)	[dopravni: spolɛtʃnost]
container (de)	kontejner (m)	[kontɛjnɛr]
grens (de)	hranice (ž)	[hranɪtsɛ]
douane (de)	celnice (ž)	[tsɛlnɪtsɛ]
douanerecht (het)	clo (s)	[tslo]
douanier (de)	celník (m)	[tsɛlni:k]
smokkelen (het)	pašování (s)	[paʃova:ni:]
smokkelwaar (de)	pašované zboží (s mn)	[paʃovanɛ: zboʒi:]

75. Financiën

aandeel (het)	akcie (ž)	[aktsɪe]
obligatie (de)	dluhopis (m)	[dluhopɪs]
wissel (de)	směnka (ž)	[smnɛŋka]
beurs (de)	burza (ž)	[burza]
aandelenkoers (de)	kurz (m) akcií	[kurs aktsɪji:]
dalen (ww)	zlevnět	[zlɛvnet]
stijgen (ww)	zdražit	[zdraʒɪt]
deel (het)	podíl (m)	[podi:l]
meerderheidsbelang (het)	kontrolní balík (m)	[kontrolni: bali:k]
investeringen (mv.)	investice (ž mn)	[ɪnvɛstɪtsɛ]
investeren (ww)	investovat	[ɪnvɛstovat]
procent (het)	procento (s)	[protsɛnto]
rente (de)	úroky (m mn)	[u:rokɪ]
winst (de)	zisk (m)	[zɪsk]
winstgevend (bn)	ziskový	[zɪskovi:]

belasting (de)	daň (ž)	[daňʲ]
valuta (vreemde ~)	měna (ž)	[mnena]
nationaal (bn)	národní	[na:rodni:]
ruil (de)	výměna (ž)	[vi:mnena]
boekhouder (de)	účetní (m, ž)	[u:tʃɛtni:]
boekhouding (de)	účtárna (ž)	[u:tʃta:rna]
bankroet (het)	bankrot (m)	[baŋkrot]
ondergang (de)	krach (m)	[krax]
faillissement (het)	bankrot (m)	[baŋkrot]
geruïneerd zijn (ww)	zkrachovat	[skraxovat]
inflatie (de)	inflace (ž)	[ɪnflatsɛ]
devaluatie (de)	devalvace (ž)	[dɛvalvatsɛ]
kapitaal (het)	kapitál (m)	[kapɪta:l]
inkomen (het)	příjem (m)	[prʃi:jɛm]
omzet (de)	obrat (m)	[obrat]
middelen (mv.)	zdroje (m mn)	[zdrojɛ]
financiële middelen (mv.)	peněžní prostředky (m mn)	[pɛnɛʒni: prostrʃɛtkɪ]
reduceren (kosten ~)	snížit	[sni:ʒɪt]

76. Marketing

marketing (de)	marketing (m)	[markɛtɪŋk]
markt (de)	trh (m)	[trx]
marktsegment (het)	segment (m) trhu	[sɛgmɛnt trhu]
product (het)	produkt (m)	[produkt]
goederen (mv.)	zboží (s)	[zboʒi:]
merk (het)	obchodní značka (ž)	[obxodni: znatʃka]
beeldmerk (het)	firemní značka (ž)	[fɪrɛmni: znatʃka]
logo (het)	logo (s)	[logo]
vraag (de)	poptávka (ž)	[popta:fka]
aanbod (het)	nabídka (ž)	[nabi:tka]
behoefte (de)	potřeba (ž)	[potrʃɛba]
consument (de)	spotřebitel (m)	[spotrʃɛbɪtɛl]
analyse (de)	analýza (ž)	[anali:za]
analyseren (ww)	analyzovat	[analɪzovat]
positionering (de)	určování (s) pozice	[urtʃova:ni: pozɪtsɛ]
positioneren (ww)	určovat pozici	[urtʃovat pozɪtsɪ]
prijs (de)	cena (ž)	[tsɛna]
prijspolitiek (de)	cenová politika (ž)	[tsɛnova: polɪtɪka]
prijsvorming (de)	tvorba (ž) cen	[tvorba tsɛn]

77. Reclame

reclame (de)	reklama (ž)	[rɛklama]
adverteren (ww)	dělat reklamu	[delat rɛklamu]

budget (het)	rozpočet (m)	[rozpotʃɛt]
advertentie, reclame (de)	reklama (ž)	[rɛklama]
TV-reclame (de)	televizní reklama (ž)	[tɛlɛvɪzni: rɛklama]
radioreclame (de)	rozhlasová reklama (ž)	[rozhlasova: rɛklama]
buitenreclame (de)	venkovní reklama (ž)	[vɛŋkovni: rɛklama]
massamedia (de)	média (s mn)	[mɛ:dɪa]
periodiek (de)	periodikum (s)	[pɛrɪodɪkum]
imago (het)	image (ž)	[ɪmɪdʒ]
slagzin (de)	heslo (s)	[hɛslo]
motto (het)	heslo (s)	[hɛslo]
campagne (de)	kampaň (ž)	[kampanʲ]
reclamecampagne (de)	reklamní kampaň (ž)	[rɛklamni: kampanʲ]
doelpubliek (het)	cílové posluchačstvo (s)	[tsi:lovɛ: posluxatʃstvo]
visitekaartje (het)	vizitka (ž)	[vɪzɪtka]
flyer (de)	leták (m)	[lɛta:k]
brochure (de)	brožura (ž)	[broʒura]
folder (de)	skládanka (ž)	[skla:daŋka]
nieuwsbrief (de)	bulletin (m)	[bɪltɛ:n]
gevelreclame (de)	reklamní tabule (ž)	[rɛklamni: tabulɛ]
poster (de)	plakát (m)	[plaka:t]
aanplakbord (het)	billboard (m)	[bɪlbo:rt]

78. Bankieren

bank (de)	banka (ž)	[baŋka]
bankfiliaal (het)	pobočka (ž)	[pobotʃka]
bankbediende (de)	konzultant (m)	[konzultant]
manager (de)	správce (m)	[spra:vtsɛ]
bankrekening (de)	účet (m)	[u:tʃɛt]
rekeningnummer (het)	číslo (s) účtu	[tʃi:slo u:tʃtu]
lopende rekening (de)	běžný účet (m)	[beʒni: u:tʃɛt]
spaarrekening (de)	spořitelní účet (m)	[sporʒɪtɛlni: u:tʃɛt]
een rekening openen	založit účet	[zaloʒɪt u:tʃɛt]
de rekening sluiten	uzavřít účet	[uzavrʒi:t u:tʃɛt]
op rekening storten	uložit na účet	[uloʒɪt na u:tʃɛt]
opnemen (ww)	vybrat z účtu	[vɪbrat s u:tʃtu]
storting (de)	vklad (m)	[fklat]
een storting maken	uložit vklad	[uloʒɪt fklat]
overschrijving (de)	převod (m)	[prʃɛvot]
een overschrijving maken	převést	[prʃɛvɛ:st]
som (de)	částka (ž)	[tʃa:stka]
Hoeveel?	Kolik?	[kolɪk]
handtekening (de)	podpis (m)	[potpɪs]
ondertekenen (ww)	podepsat	[podɛpsat]

kredietkaart (de)	kreditní karta (ž)	[krɛdɪtni: karta]
code (de)	kód (m)	[ko:t]
kredietkaartnummer (het)	číslo (s) kreditní karty	[tʃi:slo krɛdɪtni: kartɪ]
geldautomaat (de)	bankomat (m)	[baŋkomat]

cheque (de)	šek (m)	[ʃɛk]
een cheque uitschrijven	vystavit šek	[vɪstavɪt ʃɛk]
chequeboekje (het)	šeková knížka (ž)	[ʃɛkova: kni:ʃka]

lening, krediet (de)	úvěr (m)	[u:ver]
een lening aanvragen	žádat o úvěr	[ʒa:dat o u:ver]
een lening nemen	brát na úvěr	[bra:t na u:ver]
een lening verlenen	poskytovat úvěr	[pʊskɪtnvat u:ver]
garantie (de)	kauce (ž)	[kautsɛ]

79. Telefoon. Telefoongesprek

telefoon (de)	telefon (m)	[tɛlɛfon]
mobieltje (het)	mobilní telefon (m)	[mobɪlni: tɛlɛfon]
antwoordapparaat (het)	záznamník (m)	[za:znamni:k]

| bellen (ww) | volat | [volat] |
| belletje (telefoontje) | hovor (m), volání (s) | [hovor], [vola:ni:] |

een nummer draaien	vytočit číslo	[vɪtotʃɪt tʃi:slo]
Hallo!	Prosím!	[prosi:m]
vragen (ww)	zeptat se	[zɛptat sɛ]
antwoorden (ww)	odpovědět	[otpovedet]

horen (ww)	slyšet	[slɪʃɛt]
goed (bw)	dobře	[dobrʒɛ]
slecht (bw)	špatně	[ʃpatne]
storingen (mv.)	poruchy (ž mn)	[poruxɪ]

hoorn (de)	sluchátko (s)	[sluxa:tko]
opnemen (ww)	vzít sluchátko	[vzi:t sluxa:tko]
ophangen (ww)	zavěsit sluchátko	[zavesɪt sluxa:tko]

bezet (bn)	obsazeno	[opsazɛno]
overgaan (ww)	zvonit	[zvonɪt]
telefoonboek (het)	telefonní seznam (m)	[tɛlɛfonni: sɛznam]

lokaal (bn)	místní	[mi:stni:]
interlokaal (bn)	dálkový	[da:lkovi:]
buitenlands (bn)	mezinárodní	[mɛzɪna:rodni:]

80. Mobiele telefoon

mobieltje (het)	mobilní telefon (m)	[mobɪlni: tɛlɛfon]
scherm (het)	displej (m)	[dɪsplɛj]
toets, knop (de)	tlačítko (s)	[tlatʃi:tko]
simkaart (de)	SIM karta (ž)	[sɪm karta]

batterij (de)	baterie (ž)	[batɛrɪe]
leeg zijn (ww)	vybít se	[vɪbi:t sɛ]
acculader (de)	nabíječka (ž)	[nabi:jɛtʃka]
menu (het)	nabídka (ž)	[nabi:tka]
instellingen (mv.)	nastavení (s)	[nastavɛni:]
melodie (beltoon)	melodie (ž)	[mɛlodɪe]
selecteren (ww)	vybrat	[vɪbrat]
rekenmachine (de)	kalkulačka (ž)	[kalkulatʃka]
voicemail (de)	hlasová schránka (ž)	[hlasova: sxra:ŋka]
wekker (de)	budík (m)	[budi:k]
contacten (mv.)	telefonní seznam (m)	[tɛlɛfonni: sɛznam]
SMS-bericht (het)	SMS zpráva (ž)	[ɛsɛmɛs spra:va]
abonnee (de)	účastník (m)	[u:tʃastni:k]

81. Schrijfbehoeften

balpen (de)	pero (s)	[pɛro]
vulpen (de)	plnicí pero (s)	[plnɪtsi: pɛro]
potlood (het)	tužka (ž)	[tuʃka]
marker (de)	značkovač (m)	[znatʃkovatʃ]
viltstift (de)	fix (m)	[fɪks]
notitieboekje (het)	notes (m)	[notɛs]
agenda (boekje)	diář (m)	[dɪa:rʃ]
liniaal (de/het)	pravítko (s)	[pravi:tko]
rekenmachine (de)	kalkulačka (ž)	[kalkulatʃka]
gom (de)	guma (ž)	[guma]
punaise (de)	napínáček (m)	[napi:na:tʃɛk]
paperclip (de)	svorka (ž)	[svorka]
lijm (de)	lepidlo (s)	[lɛpɪdlo]
nietmachine (de)	sešívačka (ž)	[sɛʃi:vatʃka]
perforator (de)	dírkovačka (ž)	[di:rkovatʃka]
potloodslijper (de)	ořezávátko (s)	[orʒɛza:va:tko]

82. Soorten bedrijven

boekhouddiensten (mv.)	účetnické služby (ž mn)	[u:tʃɛtnɪtskɛ: sluʒbɪ]
reclame (de)	reklama (ž)	[rɛklama]
reclamebureau (het)	reklamní agentura (ž)	[rɛklamni: agɛntura]
airconditioning (de)	klimatizátory (m mn)	[klɪmatɪza:torɪ]
luchtvaartmaatschappij (de)	letecká společnost (ž)	[lɛtɛtska: spolɛtʃnost]
alcoholische dranken (mv.)	alkoholické nápoje (m mn)	[alkoholɪtskɛ: na:pojɛ]
antiek (het)	starožitnictví (s)	[staroʒɪtnɪtstvi:]
kunstgalerie (de)	galerie (ž)	[galɛrɪe]
audit diensten (mv.)	auditorské služby (ž mn)	[audɪtorskɛ: sluʒbɪ]

banken (mv.)	bankovnictví (s)	[baŋkovnɪtstvi:]
bar (de)	bar (m)	[bar]
schoonheidssalon (de/het)	kosmetický salón (m)	[kosmɛtɪtski: salo:n]
boekhandel (de)	knihkupectví (s)	[knɪxkupɛtstvi:]
bierbrouwerij (de)	pivovar (m)	[pɪvovar]
zakencentrum (het)	obchodní centrum (s)	[obxodni: tsɛntrum]
business school (de)	obchodní škola (ž)	[obxodni: ʃkola]
casino (het)	kasino (s)	[kasi:no]
bouwbedrijven (mv.)	stavebnictví (s)	[stavɛbnɪtstvi:]
adviesbureau (het)	poradenství (s)	[poradɛnstvi:]
tandheelkunde (de)	stomatologie (ž)	[stomatologɪe]
design (het)	design (m)	[dɪzajn]
apotheek (de)	lékárna (ž)	[lɛ:ka:rna]
stomerij (de)	čistírna (ž)	[tʃɪsti:rna]
uitzendbureau (het)	kádrová kancelář (ž)	[ka:drova: kantsɛla:rʃ]
financiële diensten (mv.)	finanční služby (ž mn)	[fɪnantʃni: sluʒbɪ]
voedingswaren (mv.)	potraviny (ž mn)	[potravɪnɪ]
uitvaartcentrum (het)	pohřební ústav (m)	[pohrʒɛbni: u:staf]
meubilair (het)	nábytek (m)	[na:bɪtɛk]
kleding (de)	oblečení (s)	[oblɛtʃɛni:]
hotel (het)	hotel (m)	[hotɛl]
ijsje (het)	zmrzlina (ž)	[zmrzlɪna]
industrie (de)	průmysl (m)	[pru:mɪsl]
verzekering (de)	pojištění (s)	[pojɪʃteni:]
Internet (het)	internet (m)	[ɪntɛrnɛt]
investeringen (mv.)	investice (ž mn)	[ɪnvɛstɪtsɛ]
juwelier (de)	klenotník (m)	[klɛnotni:k]
juwelen (mv.)	klenotnické výrobky (m mn)	[klɛnotnɪtskɛ: vi:ropkɪ]
wasserette (de)	prádelna (ž)	[pra:dɛlna]
juridische diensten (mv.)	právnické služby (ž mn)	[pra:vnɪtskɛ: sluʒbɪ]
lichte industrie (de)	lehký průmysl (m)	[lɛhki: pru:mɪsl]
tijdschrift (het)	časopis (m)	[tʃasopɪs]
postorderbedrijven (mv.)	prodej (m) podle katalogu	[prodɛj podlɛ katalogu]
medicijnen (mv.)	lékařství (s)	[lɛ:karʃstvi:]
bioscoop (de)	biograf (m)	[bɪograf]
museum (het)	muzeum (s)	[muzɛum]
persbureau (het)	zpravodajská agentura (ž)	[spravodajska: agɛntura]
krant (de)	noviny (ž mn)	[novɪnɪ]
nachtclub (de)	noční klub (m)	[notʃni: klup]
olie (aardolie)	ropa (ž)	[ropa]
koerierdienst (de)	kurýrská služba (ž)	[kuri:rska: sluʒba]
farmacie (de)	farmacie (ž)	[farmatsɪe]
drukkerij (de)	polygrafie (ž)	[polɪgrafɪe]
uitgeverij (de)	nakladatelství (s)	[nakladatɛlstvi:]
radio (de)	rozhlas (m)	[rozhlas]
vastgoed (het)	nemovitost (ž)	[nɛmovɪtost]
restaurant (het)	restaurace (ž)	[rɛstauratsɛ]

bewakingsfirma (de)	bezpečnostní agentura (ž)	[bɛzpɛtʃnostni: agɛntura]
sport (de)	sport (m)	[sport]
handelsbeurs (de)	burza (ž)	[burza]
winkel (de)	obchod (m)	[obxot]
supermarkt (de)	supermarket (m)	[supɛrmarket]
zwembad (het)	bazén (m)	[bazɛ:n]

naaiatelier (het)	módní salón (m)	[mo:dni: salo:n]
televisie (de)	televize (ž)	[tɛlɛvɪzɛ]
theater (het)	divadlo (s)	[dɪvadlo]
handel (de)	obchod (m)	[obxot]
transport (het)	přeprava (ž)	[prʃɛprava]
toerisme (het)	cestovní ruch (m)	[tsɛstovni: rux]

dierenarts (de)	zvěrolékař (m)	[zverolɛ:karʃ]
magazijn (het)	sklad (m)	[sklat]
afvalinzameling (de)	vyvážení (s) odpadků	[vɪva:ʒeni: otpatku:]

Baan. Business. Deel 2

83. Show. Tentoonstelling

beurs (de)	výstava (ž)	[vi:stava]
vakbeurs, handelsbeurs (de)	obchodní výstava (ž)	[obxodni: vi:stava]

deelneming (de)	účast (ž)	[u:tʃast]
deelnemen (ww)	zúčastnit se	[zu:tʃastnɪt sɛ]
deelnemer (de)	účastník (m)	[u:tʃastni:k]

directeur (de)	ředitel (m)	[rʒɛdɪtɛl]
organisatiecomité (het)	organizační výbor (m)	[organɪzatʃni: vi:bor]
organisator (de)	organizátor (m)	[organɪza:tor]
organiseren (ww)	organizovat	[organɪzovat]

deelnemingsaanvraag (de)	přihláška (ž) k účasti	[prʃɪhla:ʃka k u:tʃastɪ]
invullen (een formulier ~)	vyplnit	[vɪplnɪt]
details (mv.)	podrobnosti (ž mn)	[podrobnostɪ]
informatie (de)	informace (ž)	[ɪnformatsɛ]

prijs (de)	cena (ž)	[tsɛna]
inclusief (bijv. ~ BTW)	včetně	[vtʃɛtne]
inbegrepen (alles ~)	zahrnovat	[zahrnovat]
betalen (ww)	platit	[platɪt]
registratietarief (het)	registrační poplatek (m)	[rɛgɪstratʃni: poplatɛk]

ingang (de)	vchod (m)	[vxot]
paviljoen (het), hal (de)	pavilón (m)	[pavɪlo:n]
registreren (ww)	registrovat	[rɛgɪstrovat]
badge, kaart (de)	jmenovka (ž)	[jmɛnofka]

beursstand (de)	stánek (m)	[sta:nɛk]
reserveren (een stand ~)	rezervovat	[rɛzɛrvovat]

vitrine (de)	vitrína (ž)	[vɪtri:na]
licht (het)	svítidlo (s)	[svi:tɪdlo]
design (het)	design (m)	[dɪzajn]
plaatsen (ww)	rozmisťovat	[rozmɪsťovat]

distributeur (de)	distributor (m)	[dɪstrɪbutor]
leverancier (de)	dodavatel (m)	[dodavatɛl]

land (het)	země (ž)	[zɛmnɛ]
buitenlands (bn)	zahraniční	[zahranɪtʃni:]
product (het)	produkt (m)	[produkt]

associatie (de)	asociace (ž)	[asotsɪatsɛ]
conferentiezaal (de)	konferenční sál (m)	[konfɛrɛntʃni: sa:l]
congres (het)	kongres (m)	[kongrɛs]

wedstrijd (de)	soutěž (ž)	[souteʃ]
bezoeker (de)	návštěvník (m)	[na:vʃtevni:k]
bezoeken (ww)	navštěvovat	[navʃtevovat]
afnemer (de)	zákazník (m)	[za:kazni:k]

84. Wetenschap. Onderzoek. Wetenschappers

wetenschap (de)	věda (ž)	[veda]
wetenschappelijk (bn)	vědecký	[vedɛtski:]
wetenschapper (de)	vědec (m)	[vedɛts]
theorie (de)	teorie (ž)	[tɛorɪe]

axioma (het)	axiom (m)	[aksɪo:m]
analyse (de)	analýza (ž)	[anali:za]
analyseren (ww)	analyzovat	[analɪzovat]
argument (het)	argument (m)	[argumɛnt]
substantie (de)	látka (ž)	[la:tka]

hypothese (de)	hypotéza (ž)	[hɪpotɛ:za]
dilemma (het)	dilema (s)	[dɪlɛma]
dissertatie (de)	disertace (ž)	[dɪsɛrtatsɛ]
dogma (het)	dogma (s)	[dogma]

doctrine (de)	doktrína (ž)	[doktri:na]
onderzoek (het)	výzkum (m)	[vi:skum]
onderzoeken (ww)	zkoumat	[skoumat]
toetsing (de)	kontrola (ž)	[kontrola]
laboratorium (het)	laboratoř (ž)	[laboratorʃ]

methode (de)	metoda (ž)	[mɛtoda]
molecule (de/het)	molekula (ž)	[molɛkula]
monitoring (de)	monitorování (s)	[monɪtorova:ni:]
ontdekking (de)	objev (m)	[objɛf]

postulaat (het)	postulát (m)	[postula:t]
principe (het)	princip (m)	[prɪntsɪp]
voorspelling (de)	prognóza (ž)	[progno:za]
een prognose maken	předpovídat	[prʒɛtpovi:dat]

synthese (de)	syntéza (ž)	[sintɛ:za]
tendentie (de)	tendence (ž)	[tɛndɛntsɛ]
theorema (het)	teorém (s)	[tɛorɛ:m]

leerstellingen (mv.)	nauka (ž)	[nauka]
feit (het)	fakt (m)	[fakt]
expeditie (de)	výprava (ž)	[vi:prava]
experiment (het)	experiment (m)	[ɛkspɛrɪmɛnt]

academicus (de)	akademik (m)	[akadɛmɪk]
bachelor (bijv. BA, LLB)	bakalář (m)	[bakala:rʃ]
doctor (de)	doktor (de)	[doktor]
universitair docent (de)	docent (m)	[dotsɛnt]
master, magister (de)	magistr (m)	[magɪstr]
professor (de)	profesor (m)	[profɛsor]

Beroepen en ambachten

85. Zoeken naar werk. Ontslag

baan (de)	práce (ž)	[praːtsɛ]
personeel (het)	personál (m)	[pɛrsonaːl]
carrière (de)	kariéra (ž)	[karɪeːra]
vooruitzichten (mv.)	vyhlídky (ž mn)	[vɪhliːtkɪ]
meesterschap (het)	dovednost (ž)	[dovɛdnost]
keuze (de)	výběr (m)	[viːber]
uitzendbureau (het)	kádrová kancelář (ž)	[kaːdrovaː kantsɛlaːrʃ]
CV, curriculum vitae (het)	resumé (s)	[rɛzimɛː]
sollicitatiegesprek (het)	pohovor (m)	[pohovor]
vacature (de)	neobsazené místo (s)	[nɛopsazɛnɛː miːsto]
salaris (het)	plat (m), mzda (ž)	[plat], [mzda]
vaste salaris (het)	stálý plat (m)	[staːliː plat]
loon (het)	platba (ž)	[platba]
betrekking (de)	funkce (ž)	[fuŋktsɛ]
taak, plicht (de)	povinnost (ž)	[povɪnnost]
takenpakket (het)	okruh (m)	[okrux]
bezig (~ zijn)	zaměstnaný	[zamnestnaniː]
ontslagen (ww)	propustit	[propustɪt]
ontslag (het)	propuštění (s)	[propuʃteniː]
werkloosheid (de)	nezaměstnanost (ž)	[nɛzamnestnanost]
werkloze (de)	nezaměstnaný (m)	[nɛzamnestnaniː]
pensioen (het)	důchod (m)	[duːxot]
met pensioen gaan	odejít do důchodu	[odɛjiːt do duːxodu]

86. Zakenmensen

directeur (de)	ředitel (m)	[rʒɛdɪtɛl]
beheerder (de)	správce (m)	[spraːvtsɛ]
hoofd (het)	šéf (m)	[ʃɛːf]
baas (de)	vedoucí (m)	[vɛdoutsiː]
superieuren (mv.)	vedení (s)	[vɛdɛniː]
president (de)	prezident (m)	[prɛzɪdɛnt]
voorzitter (de)	předseda (m)	[prʃɛtsɛda]
adjunct (de)	náměstek (m)	[naːmnestɛk]
assistent (de)	pomocník (m)	[pomotsniːk]
secretaris (de)	sekretář (m)	[sɛkrɛtaːrʃ]

persoonlijke assistent (de)	osobní sekretář (m)	[osobni: sɛkrɛta:rʃ]
zakenman (de)	byznysmen (m)	[bɪznɪsmen]
ondernemer (de)	podnikatel (m)	[podnɪkatɛl]
oprichter (de)	zakladatel (m)	[zakladatɛl]
oprichten (een nieuw bedrijf ~)	založit	[zaloʒɪt]

stichter (de)	zakladatel (m)	[zakladatɛl]
partner (de)	partner (m)	[partnɛr]
aandeelhouder (de)	akcionář (m)	[aktsɪona:rʃ]

miljonair (de)	milionář (m)	[mɪlɪona:rʃ]
miljardair (de)	miliardář (m)	[mɪlɪarda:rʃ]
eigenaar (de)	majitel (m)	[majɪtɛl]
landeigenaar (de)	vlastník (m) půdy	[vlastni:k pu:dɪ]

klant (de)	klient (m)	[klɪent]
vaste klant (de)	stálý zákazník (m)	[sta:li: za:kazni:k]
koper (de)	zákazník (m)	[za:kazni:k]
bezoeker (de)	návštěvník (m)	[na:vʃtevni:k]

professioneel (de)	profesionál (m)	[profɛsɪona:l]
expert (de)	znalec (m)	[znalɛts]
specialist (de)	odborník (m)	[odborni:k]

| bankier (de) | bankéř (m) | [baŋkɛ:rʃ] |
| makelaar (de) | broker (m) | [brokɛr] |

kassier (de)	pokladník (m)	[pokladni:k]
boekhouder (de)	účetní (m, ž)	[u:tʃɛtni:]
bewaker (de)	strážce (m)	[stra:ʒtsɛ]

investeerder (de)	investor (m)	[ɪnvɛstor]
schuldenaar (de)	dlužník (m)	[cluʒni:k]
crediteur (de)	věřitel (m)	[verʒɪtɛl]
lener (de)	vypůjčovatel (m)	[vɪpu:jtʃovatɛl]

| importeur (de) | dovozce (m) | [dovoztsɛ] |
| exporteur (de) | vývozce (m) | [vi:voztsɛ] |

producent (de)	výrobce (m)	[vi:robtsɛ]
distributeur (de)	distributor (m)	[dɪstrɪbutor]
bemiddelaar (de)	zprostředkovatel (m)	[sprostrʃɛtkovatɛl]

adviseur, consulent (de)	konzultant (m)	[konzultant]
vertegenwoordiger (de)	zástupce (m)	[za:stuptsɛ]
agent (de)	agent (m)	[agɛnt]
verzekeringsagent (de)	pojišťovací agent (m)	[pojɪʃtʲovatsi: agɛnt]

87. Dienstverlenende beroepen

kok (de)	kuchař (m)	[kuxarʃ]
chef-kok (de)	šéfkuchař (m)	[ʃɛ:f kuxarʃ]
bakker (de)	pekař (m)	[pɛkarʃ]

barman (de)	barman (m)	[barman]
kelner, ober (de)	číšník (m)	[tʃiːʃniːk]
serveerster (de)	číšnice (ž)	[tʃiːʃnɪtsɛ]
advocaat (de)	advokát (m)	[advokaːt]
jurist (de)	právník (m)	[praːvniːk]
notaris (de)	notář (m)	[notaːrʃ]
elektricien (de)	elektromontér (m)	[ɛlɛktromontɛːr]
loodgieter (de)	instalatér (m)	[ɪnstalatɛːr]
timmerman (de)	tesař (m)	[tɛsarʃ]
masseur (de)	masér (m)	[masɛːr]
masseuse (de)	masérka (ž)	[masɛːrka]
dokter, arts (de)	lékař (m)	[lɛːkarʃ]
taxichauffeur (de)	taxikář (m)	[taksɪkaːrʃ]
chauffeur (de)	řidič (m)	[rʒɪdɪtʃ]
koerier (de)	kurýr (m)	[kuriːr]
kamermeisje (het)	pokojská (ž)	[pokojskaː]
bewaker (de)	strážce (m)	[straːʒtsɛ]
stewardess (de)	letuška (ž)	[lɛtuʃka]
meester (de)	učitel (m)	[utʃɪtɛl]
bibliothecaris (de)	knihovník (m)	[knɪhovniːk]
vertaler (de)	překladatel (m)	[prʃɛkladatɛl]
tolk (de)	tlumočník (m)	[tlumotʃniːk]
gids (de)	průvodce (m)	[pruːvodtsɛ]
kapper (de)	holič (m), kadeřník (m)	[holɪtʃ], [kadɛrʒniːk]
postbode (de)	listonoš (m)	[lɪstonoʃ]
verkoper (de)	prodavač (m)	[prodavatʃ]
tuinman (de)	zahradník (m)	[zahradniːk]
huisbediende (de)	sluha (m)	[sluha]
dienstmeisje (het)	služka (ž)	[sluʃka]
schoonmaakster (de)	uklízečka (ž)	[ukliːzɛtʃka]

88. Militaire beroepen en rangen

soldaat (rang)	vojín (m)	[vojiːn]
sergeant (de)	seržant (m)	[sɛrʒant]
luitenant (de)	poručík (m)	[porutʃiːk]
kapitein (de)	kapitán (m)	[kapɪtaːn]
majoor (de)	major (m)	[major]
kolonel (de)	plukovník (m)	[plukovniːk]
generaal (de)	generál (m)	[gɛnɛraːl]
maarschalk (de)	maršál (m)	[marʃaːl]
admiraal (de)	admirál (m)	[admɪraːl]
militair (de)	voják (m)	[vojaːk]
soldaat (de)	voják (m)	[vojaːk]

| officier (de) | důstojník (m) | [du:stojni:k] |
| commandant (de) | velitel (m) | [vɛlɪtɛl] |

grenswachter (de)	pohraničník (m)	[pohranɪtʃni:k]
marconist (de)	radista (m)	[radɪsta]
verkenner (de)	rozvědčík (m)	[rozvedtʃi:k]
sappeur (de)	ženista (m)	[ʒenɪsta]
schutter (de)	střelec (m)	[strʃɛlɛts]
stuurman (de)	navigátor (m)	[navɪga:tor]

89. Ambtenaren. Priesters

| koning (de) | král (m) | [kra:l] |
| koningin (de) | královna (ž) | [kra:lovna] |

| prins (de) | princ (m) | [prɪnts] |
| prinses (de) | princezna (ž) | [prɪntsɛzna] |

| tsaar (de) | car (m) | [tsar] |
| tsarina (de) | carevna (ž) | [tsarɛvna] |

president (de)	prezident (m)	[prɛzɪdɛnt]
minister (de)	ministr (m)	[mɪnɪstr]
eerste minister (de)	premiér (m)	[prɛmje:r]
senator (de)	senátor (m)	[sɛna:tor]

diplomaat (de)	diplomat (m)	[dɪplomat]
consul (de)	konzul (m)	[konzul]
ambassadeur (de)	velvyslanec (m)	[vɛlvɪslanɛts]
adviseur (de)	rada (m)	[rada]

ambtenaar (de)	úředník (m)	[u:rʒɛdni:k]
prefect (de)	prefekt (m)	[prɛfɛkt]
burgemeester (de)	primátor (m)	[prɪma:tor]

| rechter (de) | soudce (m) | [soudtsɛ] |
| aanklager (de) | prokurátor (m) | [prokura:tor] |

missionaris (de)	misionář (m)	[mɪsɪona:rʃ]
monnik (de)	mnich (m)	[mnɪx]
abt (de)	opat (m)	[opat]
rabbi, rabbijn (de)	rabín (m)	[rabi:n]

vizier (de)	vezír (m)	[vɛzi:r]
sjah (de)	šach (m)	[ʃax]
sjeik (de)	šejk (m)	[ʃɛjk]

90. Agrarische beroepen

imker (de)	včelař (m)	[vtʃɛlarʃ]
herder (de)	pasák (m)	[pasa:k]
landbouwkundige (de)	agronom (m)	[agronom]

veehouder (de)	chovatel (m)	[xovatɛl]
dierenarts (de)	zvěrolékař (m)	[zvɛrolɛːkarʃ]
landbouwer (de)	farmář (m)	[farmaːrʃ]
wijnmaker (de)	vinař (m)	[vɪnarʃ]
zoöloog (de)	zoolog (m)	[zoolog]
cowboy (de)	kovboj (m)	[kovboj]

91. Kunst beroepen

acteur (de)	herec (m)	[hɛrɛts]
actrice (de)	herečka (ž)	[hɛrɛtʃka]
zanger (de)	zpěvák (m)	[spevaːk]
zangeres (de)	zpěvačka (ž)	[spevatʃka]
danser (de)	tanečník (m)	[tanɛtʃniːk]
danseres (de)	tanečnice (ž)	[tanɛtʃnɪtsɛ]
artiest (mann.)	herec (m)	[hɛrɛts]
artiest (vrouw.)	herečka (ž)	[hɛrɛtʃka]
muzikant (de)	hudebník (m)	[hudɛbniːk]
pianist (de)	klavírista (m)	[klaviːrɪsta]
gitarist (de)	kytarista (m)	[kɪtarɪsta]
orkestdirigent (de)	dirigent (m)	[dɪrɪgɛnt]
componist (de)	skladatel (m)	[skladatɛl]
impresario (de)	impresário (m)	[ɪmprɛsaːrɪo]
filmregisseur (de)	režisér (m)	[rɛʒɪsɛːr]
filmproducent (de)	filmový producent (m)	[fɪlmoviː produtsɛnt]
scenarioschrijver (de)	scenárista (m)	[stsɛnaːrɪsta]
criticus (de)	kritik (m)	[krɪtɪk]
schrijver (de)	spisovatel (m)	[spɪsovatɛl]
dichter (de)	básník (m)	[baːsniːk]
beeldhouwer (de)	sochař (m)	[soxarʃ]
kunstenaar (de)	malíř (m)	[maliːrʃ]
jongleur (de)	žonglér (m)	[ʒonglɛːr]
clown (de)	klaun (m)	[klaun]
acrobaat (de)	akrobat (m)	[akrobat]
goochelaar (de)	kouzelník (m)	[kouzɛlniːk]

92. Verschillende beroepen

dokter, arts (de)	lékař (m)	[lɛːkarʃ]
ziekenzuster (de)	zdravotní sestra (ž)	[zdravotniː sɛstra]
psychiater (de)	psychiatr (m)	[psɪxɪatr]
tandarts (de)	stomatolog (m)	[stomatolog]
chirurg (de)	chirurg (m)	[xɪrurg]

astronaut (de)	astronaut (m)	[astronaut]
astronoom (de)	astronom (m)	[astronom]

chauffeur (de)	řidič (m)	[rʒɪdɪtʃ]
machinist (de)	strojvůdce (m)	[strojvu:dtsɛ]
mecanicien (de)	mechanik (m)	[mɛxanɪk]

mijnwerker (de)	horník (m)	[horni:k]
arbeider (de)	dělník (m)	[delni:k]
bankwerker (de)	zámečník (m)	[za:mɛtʃni:k]
houtbewerker (de)	truhlář (m)	[truhla:rʃ]
draaier (de)	soustružník (m)	[soustruʒni:k]
bouwvakker (de)	stavitel (m)	[stavɪtɛl]
lasser (de)	svářeč (m)	[sva:rʒɛtʃ]

professor (de)	profesor (m)	[profɛsor]
architect (de)	architekt (m)	[arxɪtɛkt]
historicus (de)	historik (m)	[hɪstorɪk]
wetenschapper (de)	vědec (m)	[vedɛts]
fysicus (de)	fyzik (m)	[fɪzɪk]
scheikundige (de)	chemik (m)	[xɛmɪk]

archeoloog (de)	archeolog (m)	[arxɛolog]
geoloog (de)	geolog (m)	[gɛolog]
onderzoeker (de)	výzkumník (m)	[vi:skumni:k]

babysitter (de)	chůva (ž)	[xu:va]
leraar, pedagoog (de)	pedagog (m)	[pɛdagog]

redacteur (de)	redaktor (m)	[rɛdaktor]
chef-redacteur (de)	šéfredaktor (m)	[ʃɛ:frɛdaktor]
correspondent (de)	zpravodaj (m)	[spravodaj]
typiste (de)	písařka (ž)	[pi:sarʃka]

designer (de)	návrhář (m)	[na:vrha:rʃ]
computerexpert (de)	odborník (m) na počítače	[odborni:k na potʃi:tatʃɛ]
programmeur (de)	programátor (m)	[programa:tor]
ingenieur (de)	inženýr (m)	[ɪnʒeni:r]

matroos (de)	námořník (m)	[na:morʒni:k]
zeeman (de)	námořník (m)	[na:morʒni:k]
redder (de)	záchranář (m)	[za:xrana:rʃ]

brandweerman (de)	hasič (m)	[hasɪtʃ]
politieagent (de)	policista (m)	[polɪtsɪsta]
nachtwaker (de)	hlídač (m)	[hli:datʃ]
detective (de)	detektiv (m)	[dɛtɛktɪf]

douanier (de)	celník (m)	[tsɛlni:k]
lijfwacht (de)	osobní strážce (m)	[osobni: stra:ʒtsɛ]
gevangenisbewaker (de)	dozorce (m)	[dozortsɛ]
inspecteur (de)	inspektor (m)	[ɪnspɛktor]

sportman (de)	sportovec (m)	[sportovɛts]
trainer (de)	trenér (m)	[trɛnɛ:r]
slager, beenhouwer (de)	řezník (m)	[rʒɛzni:k]

schoenlapper (de)	obuvník (m)	[obuvni:k]
handelaar (de)	obchodník (m)	[obxodni:k]
lader (de)	nakládač (m)	[nakla:datʃ]
kledingstilist (de)	modelář (m)	[modɛla:rʃ]
model (het)	modelka (ž)	[modɛlka]

93. Beroepen. Sociale status

scholier (de)	žák (m)	[ʒa:k]
student (de)	student (m)	[studɛnt]
filosoof (de)	filozof (m)	[fɪlozof]
econoom (de)	ekonom (m)	[ɛkonom]
uitvinder (de)	vynálezce (m)	[vɪna:lɛztsɛ]
werkloze (de)	nezaměstnaný (m)	[nɛzamnestnani:]
gepensioneerde (de)	důchodce (m)	[du:xodtsɛ]
spion (de)	špión (m)	[ʃpɪo:n]
gedetineerde (de)	vězeň (m)	[vezɛnʲ]
staker (de)	stávkující (m)	[sta:fkuji:tsi:]
bureaucraat (de)	byrokrat (m)	[bɪrokrat]
reiziger (de)	cestovatel (m)	[tsɛstovatɛl]
homoseksueel (de)	homosexuál (m)	[homosɛksua:l]
hacker (computerkraker)	hacker (m)	[hɛkr]
bandiet (de)	bandita (m)	[bandɪta]
huurmoordenaar (de)	najatý vrah (m)	[najati: vrax]
drugsverslaafde (de)	narkoman (m)	[narkoman]
drugshandelaar (de)	drogový dealer (m)	[drogovi: di:lɛr]
prostituee (de)	prostitutka (ž)	[prostɪtutka]
pooier (de)	kuplíř (m)	[kupli:rʃ]
tovenaar (de)	čaroděj (m)	[tʃarodej]
tovenares (de)	čarodějka (ž)	[tʃarodejka]
piraat (de)	pirát (m)	[pɪra:t]
slaaf (de)	otrok (m)	[otrok]
samoerai (de)	samuraj (m)	[samuraj]
wilde (de)	divoch (m)	[dɪvox]

Onderwijs

94. School

school (de)	škola (ž)	[ʃkola]
schooldirecteur (de)	ředitel (m) školy	[rʒɛdɪtɛl ʃkolɪ]
leerling (de)	žák (m)	[ʒaːk]
leerlinge (de)	žákyně (ž)	[ʒaːkɪnɛ]
scholier (de)	žák (m)	[ʒaːk]
scholiere (de)	žákyně (ž)	[ʒaːkɪnɛ]
leren (lesgeven)	učit	[utʃɪt]
studeren (bijv. een taal ~)	učit se	[utʃɪt sɛ]
van buiten leren	učit se nazpaměť	[utʃɪt sɛ naspamnetʲ]
leren (bijv. ~ tellen)	učit se	[utʃɪt sɛ]
in school zijn (schooljongen zijn)	chodí za školu	[xodi: za ʃkolu]
naar school gaan	jít do školy	[jiːt do ʃkolɪ]
alfabet (het)	abeceda (ž)	[abɛtsɛda]
vak (schoolvak)	předmět (m)	[prʃɛdmnet]
klaslokaal (het)	třída (ž)	[trʃiːda]
les (de)	hodina (ž)	[hodɪna]
pauze (de)	přestávka (ž)	[prʃɛstaːfka]
bel (de)	zvonění (s)	[zvoneniː]
schooltafel (de)	školní lavice (ž)	[ʃkolniː lavɪtsɛ]
schoolbord (het)	tabule (ž)	[tabulɛ]
cijfer (het)	známka (ž)	[znaːmka]
goed cijfer (het)	dobrá známka (ž)	[dobraː znaːmka]
slecht cijfer (het)	špatná známka (ž)	[ʃpatnaː znaːmka]
een cijfer geven	dávat známku	[daːvat znaːmku]
fout (de)	chyba (ž)	[xɪba]
fouten maken	dělat chyby	[delat xɪbɪ]
corrigeren (fouten ~)	opravovat	[opravovat]
spiekbriefje (het)	tahák (m)	[tahaːk]
huiswerk (het)	domácí úloha (ž)	[domaːtsi uːloha]
oefening (de)	cvičení (s)	[tsvɪtʃɛniː]
aanwezig zijn (ww)	být přítomen	[biːt prʃiːtomɛn]
absent zijn (ww)	chybět	[xɪbet]
bestraffen (een stout kind ~)	trestat	[trɛstat]
bestraffing (de)	trest (m)	[trɛst]
gedrag (het)	chování (s)	[xovaːniː]

cijferlijst (de)	žákovská knížka (ž)	[ʒaːkovskaː kniːʃka]
potlood (het)	tužka (ž)	[tuʃka]
gom (de)	guma (ž)	[guma]
krijt (het)	křída (ž)	[krʃiːda]
pennendoos (de)	penál (m)	[pɛnaːl]

boekentas (de)	brašna (ž)	[braʃna]
pen (de)	pero (s)	[pɛro]
schrift (de)	sešit (m)	[sɛʃɪt]
leerboek (het)	učebnice (ž)	[utʃɛbnɪtsɛ]
passer (de)	kružidlo (s)	[kruʒɪdlo]

| technisch tekenen (ww) | rýsovat | [riːsovat] |
| technische tekening (de) | výkres (m) | [viːkrɛs] |

gedicht (het)	báseň (ž)	[baːsɛnʲ]
van buiten (bw)	nazpaměť	[naspamnetʲ]
van buiten leren	učit se nazpaměť	[utʃɪt sɛ naspamnetʲ]

| vakantie (de) | prázdniny (ž mn) | [praːzdnɪnɪ] |
| met vakantie zijn | mít prázdniny | [miːt praːzdnɪnɪ] |

toets (schriftelijke ~)	písemka (ž)	[piːsɛmka]
opstel (het)	sloh (m)	[slox]
dictee (het)	diktát (m)	[dɪktaːt]

examen (het)	zkouška (ž)	[skouʃka]
examen afleggen	dělat zkoušky	[delat skouʃkɪ]
experiment (het)	pokus (m)	[pokus]

95. Hogeschool. Universiteit

academie (de)	akademie (ž)	[akadɛmɪe]
universiteit (de)	univerzita (ž)	[unɪvɛrzɪta]
faculteit (de)	fakulta (ž)	[fakulta]

student (de)	student (m)	[studɛnt]
studente (de)	studentka (ž)	[studɛntka]
leraar (de)	vyučující (m)	[vɪutʃujiːtsiː]

| collegezaal (de) | posluchárna (ž) | [posluxaːrna] |
| afgestudeerde (de) | absolvent (m) | [apsolvɛnt] |

| diploma (het) | diplom (m) | [dɪplom] |
| dissertatie (de) | disertace (ž) | [dɪsɛrtatsɛ] |

| onderzoek (het) | bádání (s) | [baːdaːniː] |
| laboratorium (het) | laboratoř (ž) | [laboratorʃ] |

| college (het) | přednáška (ž) | [prʃɛdnaːʃka] |
| medestudent (de) | spolužák (m) | [spoluʒaːk] |

| studiebeurs (de) | stipendium (s) | [stɪpɛndɪum] |
| academische graad (de) | akademická hodnost (ž) | [akadɛmɪtskaː hodnost] |

96. Wetenschappen. Disciplines

wiskunde (de)	matematika (ž)	[matɛmatɪka]
algebra (de)	algebra (ž)	[algɛbra]
meetkunde (de)	geometrie (ž)	[gɛomɛtrɪe]
astronomie (de)	astronomie (ž)	[astronomɪe]
biologie (de)	biologie (ž)	[bɪologɪe]
geografie (de)	zeměpis (m)	[zɛmnepɪs]
geologie (de)	geologie (ž)	[gɛologɪe]
geschiedenis (de)	historie (ž)	[hɪstorɪe]
geneeskunde (de)	lékařství (s)	[lɛːkarʃstviː]
pedagogiek (de)	pedagogika (ž)	[pɛdagogɪka]
rechten (mv.)	právo (s)	[praːvo]
fysica, natuurkunde (de)	fyzika (ž)	[fɪzɪka]
scheikunde (de)	chemie (ž)	[xɛmɪe]
filosofie (de)	filozofie (ž)	[fɪlozofɪe]
psychologie (de)	psychologie (ž)	[psɪxologɪe]

97. Schrift. Spelling

grammatica (de)	mluvnice (ž)	[mluvnɪtsɛ]
vocabulaire (het)	slovní zásoba (ž)	[slovniː zaːsoba]
fonetiek (de)	hláskosloví (s)	[hlaːskoslovi:]
zelfstandig naamwoord (het)	podstatné jméno (s)	[potsta:tnɛ: jmɛ:no]
bijvoeglijk naamwoord (het)	přídavné jméno (s)	[prʃiːdavnɛ: jmɛ:no]
werkwoord (het)	sloveso (s)	[slovɛso]
bijwoord (het)	příslovce (s)	[prʃiːslovtsɛ]
voornaamwoord (het)	zájmeno (s)	[zaːjmɛno]
tussenwerpsel (het)	citoslovce (s)	[tsɪtoslovtsɛ]
voorzetsel (het)	předložka (ž)	[prʃɛdloʃka]
stam (de)	slovní základ (m)	[slovniː zaːklat]
achtervoegsel (het)	koncovka (ž)	[kontsofka]
voorvoegsel (het)	předpona (ž)	[prʃɛtpona]
lettergreep (de)	slabika (ž)	[slabɪka]
achtervoegsel (het)	přípona (ž)	[prʃiːpona]
nadruk (de)	přízvuk (m)	[prʃiːzvuk]
afkappingsteken (het)	odsuvník (m)	[otsuvniːk]
punt (de)	tečka (ž)	[tɛtʃka]
komma (de/het)	čárka (ž)	[tʃaːrka]
puntkomma (de)	středník (m)	[strʃɛdniːk]
dubbelpunt (de)	dvojtečka (ž)	[dvojtɛtʃka]
beletselteken (het)	tři tečky (ž mn)	[trʃɪ tɛtʃkɪ]
vraagteken (het)	otazník (m)	[otazniːk]
uitroepteken (het)	vykřičník (m)	[vɪkrʃɪtʃniːk]

aanhalingstekens (mv.)	uvozovky (ž mn)	[uvozofkɪ]
tussen aanhalingstekens (bw)	v uvozovkách	[f uvozofka:x]
haakjes (mv.)	závorky (ž mn)	[za:vorkɪ]
tussen haakjes (bw)	v závorkách	[v za:vorkax]
streepje (het)	spojovník (m)	[spojovni:k]
gedachtestreepje (het)	pomlčka (ž)	[pomltʃka]
spatie	mezera (ž)	[mɛzɛra]
(~ tussen twee woorden)		
letter (de)	písmeno (s)	[pi:smɛno]
hoofdletter (de)	velké písmeno (s)	[vɛlkɛ pi:smɛno]
klinker (de)	samohláska (ž)	[samohla:ska]
medeklinker (de)	souhláska (ž)	[souhla:ska]
zin (de)	věta (ž)	[veta]
onderwerp (het)	podmět (m)	[podmnet]
gezegde (het)	přísudek (m)	[prʃi:sudɛk]
regel (in een tekst)	řádek (m)	[rʒa:dɛk]
op een nieuwe regel (bw)	z nového řádku	[z novɛ:ho rʒa:tku]
alinea (de)	odstavec (m)	[otstavɛts]
woord (het)	slovo (s)	[slovo]
woordgroep (de)	slovní spojení (s)	[slovni: spojɛni:]
uitdrukking (de)	výraz (m)	[vi:raz]
synoniem (het)	synonymum (s)	[sɪnonɪmum]
antoniem (het)	antonymum (s)	[antonɪmum]
regel (de)	pravidlo (s)	[pravɪdlo]
uitzondering (de)	výjimka (ž)	[vi:jɪmka]
correct (bijv. ~e spelling)	správný	[spra:vni:]
vervoeging, conjugatie (de)	časování (s)	[tʃasova:ni:]
verbuiging, declinatie (de)	skloňování (s)	[sklonʲova:ni:]
naamval (de)	pád (m)	[pa:t]
vraag (de)	otázka (ž)	[ota:ska]
onderstrepen (ww)	podtrhnout	[podtrhnout]
stippellijn (de)	tečkování (s)	[tɛtʃkova:ni:]

98. Vreemde talen

taal (de)	jazyk (m)	[jazɪk]
vreemde taal (de)	cizí jazyk (m)	[tsɪzi: jazɪk]
leren (bijv. van buiten ~)	studovat	[studovat]
studeren (Nederlands ~)	učit se	[utʃɪt sɛ]
lezen (ww)	číst	[tʃi:st]
spreken (ww)	mluvit	[mluvɪt]
begrijpen (ww)	rozumět	[rozumnet]
schrijven (ww)	psát	[psa:t]
snel (bw)	rychle	[rɪxlɛ]
langzaam (bw)	pomalu	[pomalu]

vloeiend (bw)	plynně	[plɪnne]
regels (mv.)	pravidla (s mn)	[pravɪdla]
grammatica (de)	mluvnice (ž)	[mluvnɪtsɛ]
vocabulaire (het)	slovní zásoba (ž)	[slovni: za:soba]
fonetiek (de)	hláskosloví (s)	[hla:skoslovi:]
leerboek (het)	učebnice (ž)	[utʃɛbnɪtsɛ]
woordenboek (het)	slovník (m)	[slovni:k]
leerboek (het) voor zelfstudie	učebnice (ž) pro samouky	[utʃɛbnɪtsɛ pro samoukɪ]
taalgids (de)	konverzace (ž)	[konvɛrzatsɛ]
cassette (de)	kazeta (ž)	[kazɛta]
videocassette (de)	videokazeta (ž)	[vɪdɛokazɛta]
CD (de)	CD disk (m)	[tsɛ:dɛ: dɪsk]
DVD (de)	DVD (s)	[dɛvɛdɛ]
alfabet (het)	abeceda (ž)	[abɛtsɛda]
spellen (ww)	hláskovat	[hla:skovat]
uitspraak (de)	výslovnost (ž)	[vi:slovnost]
accent (het)	cizí přízvuk (m)	[tsɪzi: prʃi:zvuk]
met een accent (bw)	s cizím přízvukem	[s tsɪzi:m prʃi:zvukɛm]
zonder accent (bw)	bez cizího přízvuku	[bɛz tsɪzi:ho prʃi:zvuku]
woord (het)	slovo (s)	[slovo]
betekenis (de)	smysl (m)	[smɪsl]
cursus (de)	kurzy (m mn)	[kurzɪ]
zich inschrijven (ww)	zapsat se	[zapsat sɛ]
leraar (de)	vyučující (m)	[vɪutʃuji:tsi:]
vertaling (een ~ maken)	překlad (m)	[prʃɛklat]
vertaling (tekst)	překlad (m)	[prʃɛklat]
vertaler (de)	překladatel (m)	[prʃɛkladatɛl]
tolk (de)	tlumočník (m)	[tlumotʃni:k]
polyglot (de)	polyglot (m)	[polɪglot]
geheugen (het)	paměť (ž)	[pamnetʲ]

Rusten. Entertainment. Reizen

99. Trip. Reizen

toerisme (het)	turistika (ž)	[turɪstɪka]
toerist (de)	turista (m)	[turɪsta]
reis (de)	cestování (s)	[tsɛstovaːniː]
avontuur (het)	příhoda (ž)	[prʃiːhoda]
tocht (de)	cesta (ž)	[tsɛsta]
vakantie (de)	dovolená (ž)	[dovolɛnaː]
met vakantie zijn	mít dovolenou	[miːt dovolɛnou]
rust (de)	odpočinek (m)	[otpotʃɪnɛk]
trein (de)	vlak (m)	[vlak]
met de trein	vlakem	[vlakɛm]
vliegtuig (het)	letadlo (s)	[lɛtadlo]
met het vliegtuig	letadlem	[lɛtadlɛm]
met de auto	autem	[autɛm]
per schip (bw)	lodí	[lodiː]
bagage (de)	zavazadla (s mn)	[zavazadla]
valies (de)	kufr (m)	[kufr]
bagagekarretje (het)	vozík (m) na zavazadla	[voziːk na zavazadla]
paspoort (het)	pas (m)	[pas]
visum (het)	vízum (s)	[viːzum]
kaartje (het)	jízdenka (ž)	[jiːzdɛŋka]
vliegticket (het)	letenka (ž)	[lɛtɛŋka]
reisgids (de)	průvodce (m)	[pruːvodtsɛ]
kaart (de)	mapa (ž)	[mapa]
gebied (landelijk ~)	krajina (ž)	[krajɪna]
plaats (de)	místo (s)	[miːsto]
exotische bestemming (de)	exotika (ž)	[ɛgzotɪka]
exotisch (bn)	exotický	[ɛgzotɪtskiː]
verwonderlijk (bn)	podivuhodný	[podɪvuhodniː]
groep (de)	skupina (ž)	[skupɪna]
rondleiding (de)	výlet (m)	[viːlɛt]
gids (de)	průvodce (m)	[pruːvodtsɛ]

100. Hotel

hotel (het)	hotel (m)	[hotɛl]
motel (het)	motel (m)	[motɛl]
3-sterren	tři hvězdy	[trʃɪ hvɛzdɪ]

Nederlands	Tsjechisch	Uitspraak
5-sterren	pět hvězd	[pet hvɛzt]
overnachten (ww)	ubytovat se	[ubɪtovat sɛ]
kamer (de)	pokoj (m)	[pokoj]
eenpersoonskamer (de)	jednolůžkový pokoj (m)	[jɛdnolu:ʃkovi: pokoj]
tweepersoonskamer (de)	dvoulůžkový pokoj (m)	[dvoulu:ʃkovi: pokoj]
een kamer reserveren	rezervovat pokoj	[rɛzɛrvovat pokoj]
halfpension (het)	polopenze (ž)	[polopɛnzɛ]
volpension (het)	plná penze (ž)	[plna: pɛnzɛ]
met badkamer	s koupelnou	[s koupɛlnou]
met douche	se sprchou	[sɛ sprxou]
satelliet-tv (de)	satelitní televize (ž)	[satɛlɪtni: tɛlɛvɪzɛ]
airconditioner (de)	klimatizátor (m)	[klɪmatɪza:tor]
handdoek (de)	ručník (m)	[rutʃni:k]
sleutel (de)	klíč (m)	[kli:tʃ]
administrateur (de)	recepční (m)	[rɛtsɛptʃni:]
kamermeisje (het)	pokojská (ž)	[pokojska:]
piccolo (de)	nosič (m)	[nosɪtʃ]
portier (de)	vrátný (m)	[vra:tni:]
restaurant (het)	restaurace (ž)	[rɛstauratsɛ]
bar (de)	bar (m)	[bar]
ontbijt (het)	snídaně (ž)	[sni:dane]
avondeten (het)	večeře (ž)	[vɛtʃɛrʒɛ]
buffet (het)	obložený stůl (m)	[oblozeni: stu:l]
hal (de)	vstupní hala (ž)	[vstupni: hala]
lift (de)	výtah (m)	[vi:tax]
NIET STOREN	NERUŠIT	[nɛruʃɪt]
VERBODEN TE ROKEN!	ZÁKAZ KOUŘENÍ	[za:kaz kourʒɛni:]

TECHNISCHE APPARATUUR. VERVOER

Technische apparatuur

101. Computer

computer (de)	počítač (m)	[potʃiːtatʃ]
laptop (de)	notebook (m)	[noutbuːk]
aanzetten (ww)	zapnout	[zapnout]
uitzetten (ww)	vypnout	[vɪpnout]
toetsenbord (het)	klávesnice (ž)	[klaːvɛsnɪtsɛ]
toets (enter~)	klávesa (ž)	[klaːvɛsa]
muis (de)	myš (ž)	[mɪʃ]
muismat (de)	podložka (ž) pro myš	[podloʃka pro mɪʃ]
knopje (het)	tlačítko (s)	[tlatʃiːtko]
cursor (de)	kurzor (m)	[kurzor]
monitor (de)	monitor (m)	[monɪtor]
scherm (het)	obrazovka (ž)	[obrazofka]
harde schijf (de)	pevný disk (m)	[pɛvniː dɪsk]
volume (het) van de harde schijf	rozměr (m) disku	[rozmner dɪsku]
geheugen (het)	paměť (ž)	[pamnetʲ]
RAM-geheugen (het)	operační paměť (ž)	[opɛratʃni: pamnetʲ]
bestand (het)	soubor (m)	[soubor]
folder (de)	složka (ž)	[sloʃka]
openen (ww)	otevřít	[otɛvrʒiːt]
sluiten (ww)	zavřít	[zavrʒiːt]
opslaan (ww)	uložit	[uloʒɪt]
verwijderen (wissen)	vymazat	[vɪmazat]
kopiëren (ww)	zkopírovat	[skopiːrovat]
sorteren (ww)	uspořádat	[usporʒaːdat]
overplaatsen (ww)	zkopírovat	[skopiːrovat]
programma (het)	program (m)	[program]
software (de)	programové vybavení (s)	[programovɛː vɪbavɛniː]
programmeur (de)	programátor (m)	[programaːtor]
programmeren (ww)	programovat	[programovat]
hacker (computerkraker)	hacker (m)	[hɛkr]
wachtwoord (het)	heslo (s)	[hɛslo]
virus (het)	virus (m)	[vɪrus]
ontdekken (virus ~)	zjistit	[zjɪstɪt]

byte (de)	byte (m)	[bajt]
megabyte (de)	megabyte (m)	[mɛgabajt]
data (de)	data (s mn)	[data]
databank (de)	databáze (ž)	[databa:zɛ]
kabel (USB-~, enz.)	kabel (m)	[kabɛl]
afsluiten (ww)	odpojit	[otpojɪt]
aansluiten op (ww)	připojit	[prʃɪpojɪt]

102. Internet. E-mail

internet (het)	internet (m)	[ɪntɛrnɛt]
browser (de)	prohlížeč (m)	[prohli:ʒetʃ]
zoekmachine (de)	vyhledávací zdroj (m)	[vɪhlɛda:vatsi: zdroj]
internetprovider (de)	dodavatel (m)	[dodavatɛl]
webmaster (de)	web-master (m)	[vɛb-mastɛr]
website (de)	webové stránky (ž mn)	[vɛbovɛ: stra:ŋkɪ]
webpagina (de)	webová stránka (ž)	[vɛbova: stra:ŋka]
adres (het)	adresa (ž)	[adrɛsa]
adresboek (het)	adresář (m)	[adrɛsa:rʃ]
postvak (het)	e-mailová schránka (ž)	[i:mɛjlova: sxra:ŋka]
post (de)	pošta (ž)	[poʃta]
bericht (het)	zpráva (ž)	[spra:va]
verzender (de)	odesílatel (m)	[odɛsi:latɛl]
verzenden (ww)	odeslat	[odɛslat]
verzending (de)	odeslání (s)	[odɛsla:ni:]
ontvanger (de)	příjemce (m)	[prʃi:jɛmtsɛ]
ontvangen (ww)	dostat	[dostat]
correspondentie (de)	korespondence (ž)	[korɛspondɛntsɛ]
corresponderen (met ...)	korespondovat	[korɛspondovat]
bestand (het)	soubor (m)	[soubor]
downloaden (ww)	stáhnout	[sta:hnout]
creëren (ww)	vytvořit	[vɪtvorʒɪt]
verwijderen (een bestand ~)	vymazat	[vɪmazat]
verwijderd (bn)	vymazaný	[vɪmazani:]
verbinding (de)	spojení (s)	[spojɛni:]
snelheid (de)	rychlost (ž)	[rɪxlost]
modem (de)	modem (m)	[modɛm]
toegang (de)	přístup (m)	[prʃi:stup]
poort (de)	port (m)	[port]
aansluiting (de)	připojení (s)	[prʃɪpojɛni:]
zich aansluiten (ww)	připojit se	[prʃɪpojɪt sɛ]
selecteren (ww)	vybrat	[vɪbrat]
zoeken (ww)	hledat	[hlɛdat]

103. Elektriciteit

elektriciteit (de)	elektřina (ž)	[ɛlɛktrʃɪna]
elektrisch (bn)	elektrický	[ɛlɛktrɪtski:]
elektriciteitscentrale (de)	elektrárna (ž)	[ɛlɛktra:rna]
energie (de)	energie (ž)	[ɛnɛrgɪe]
elektrisch vermogen (het)	elektrická energie (ž)	[ɛlɛktrɪtska: ɛnɛrgɪe]

lamp (de)	žárovka (ž)	[ʒa:rofka]
zaklamp (de)	baterka (ž)	[batɛrka]
straatlantaarn (de)	pouliční lampa (ž)	[poulɪtʃni: lampa]

licht (elektriciteit)	světlo (s)	[svetlo]
aandoen (ww)	zapínat	[zapi:nat]
uitdoen (ww)	vypínat	[vɪpi:nat]
het licht uitdoen	zhasnout světlo	[zhasnout svetlo]

doorbranden (gloeilamp)	přepálit se	[prʃɛpa:lɪt sɛ]
kortsluiting (de)	krátké spojení (s)	[kra:tkɛ: spojɛni:]
onderbreking (de)	přetržení (s)	[prʃɛtrʒeni:]
contact (het)	kontakt (m)	[kontakt]

schakelaar (de)	vypínač (m)	[vɪpi:natʃ]
stopcontact (het)	zásuvka (ž)	[za:sufka]
stekker (de)	zástrčka (ž)	[za:strtʃka]
verlengsnoer (de)	prodlužovák (m)	[prodluʒova:k]

zekering (de)	pojistka (ž)	[pojɪstka]
kabel (de)	vodič (m)	[vodɪtʃ]
bedrading (de)	vedení (s)	[vɛdɛni:]

ampère (de)	ampér (m)	[ampɛ:r]
stroomsterkte (de)	intenzita (ž) proudu	[ɪntɛnzɪta proudu]
volt (de)	volt (m)	[volt]
spanning (de)	napětí (s)	[napeti:]

elektrisch toestel (het)	elektrický přístroj (m)	[ɛlɛktrɪtski: prʃi:stroj]
indicator (de)	indikátor (m)	[ɪndɪka:tor]

elektricien (de)	elektrotechnik (m)	[ɛlɛktrotɛxnɪk]
solderen (ww)	letovat	[lɛtovat]
soldeerbout (de)	letovačka (ž)	[lɛtovatʃka]
stroom (de)	proud (m)	[prout]

104. Gereedschappen

werktuig (stuk gereedschap)	nářadí (s)	[na:rʒadi:]
gereedschap (het)	nástroje (m mn)	[nastrojɛ]
uitrusting (de)	zařízení (s)	[zarʒi:zɛni:]

hamer (de)	kladivo (s)	[kladɪvo]
schroevendraaier (de)	šroubovák (m)	[ʃroubova:k]
bijl (de)	sekera (ž)	[sɛkɛra]

zaag (de)	pila (ž)	[pɪla]
zagen (ww)	řezat	[rʒɛzat]
schaaf (de)	hoblík (m)	[hobli:k]
schaven (ww)	hoblovat	[hoblovat]
soldeerbout (de)	letovačka (ž)	[lɛtovatʃka]
solderen (ww)	letovat	[lɛtovat]

vijl (de)	pilník (m)	[pɪlni:k]
nijptang (de)	kleště (ž mn)	[klɛʃte]
combinatietang (de)	ploché kleště (ž mn)	[ploxɛ: klɛʃte]
beitel (de)	dláto (s)	[dla:to]

boorkop (de)	vrták (m)	[vrta:k]
boormachine (de)	svidřík (m)	[svɪdrʒi:k]
boren (ww)	vrtat	[vrtat]

| mes (het) | nůž (m) | [nu:ʃ] |
| lemmet (het) | čepel (ž) | [tʃɛpɛl] |

scherp (bijv. ~ mes)	ostrý	[ostri:]
bot (bn)	tupý	[tupi:]
bot raken (ww)	ztupit se	[stupɪt sɛ]
slijpen (een mes ~)	ostřit	[ostrʃɪt]

bout (de)	šroub (m)	[ʃroup]
moer (de)	matice (ž)	[matɪtsɛ]
schroefdraad (de)	závit (m)	[za:vɪt]
houtschroef (de)	vrut (m)	[vrut]

| spijker (de) | hřebík (m) | [hrʒɛbi:k] |
| kop (de) | hlavička (ž) | [hlavɪtʃka] |

liniaal (de/het)	pravítko (s)	[pravi:tko]
rolmeter (de)	měřicí pásmo (s)	[mnɛrʒɪtsi: pa:smo]
waterpas (de/het)	libela (ž)	[lɪbɛla]
loep (de)	lupa (ž)	[lupa]

meetinstrument (het)	měřicí přístroj (m)	[mnɛrʒɪtsi: prʃi:stroj]
opmeten (ww)	měřit	[mnɛrʒɪt]
schaal (meetschaal)	stupnice (ž)	[stupnɪtsɛ]
gegevens (mv.)	údaje (m mn)	[u:dajɛ]

| compressor (de) | kompresor (m) | [komprɛsor] |
| microscoop (de) | mikroskop (m) | [mɪkroskop] |

pomp (de)	pumpa (ž)	[pumpa]
robot (de)	robot (m)	[robot]
laser (de)	laser (m)	[lɛjzr]

moersleutel (de)	maticový klíč (m)	[matɪtsovi: kli:tʃ]
plakband (de)	lepicí páska (ž)	[lɛpɪtsi: pa:ska]
lijm (de)	lepidlo (s)	[lɛpɪdlo]

schuurpapier (het)	smirkový papír (m)	[smɪrkovi: papi:r]
veer (de)	pružina (ž)	[pruʒɪna]
magneet (de)	magnet (m)	[magnɛt]

handschoenen (mv.)	rukavice (ž mn)	[rukavɪtsɛ]
touw (bijv. henneptouw)	provaz (m)	[provaz]
snoer (het)	šňůra (ž)	[ʃnuːra]
draad (de)	vodič (m)	[vodɪtʃ]
kabel (de)	kabel (m)	[kabɛl]

moker (de)	palice (ž)	[palɪtsɛ]
breekijzer (het)	sochor (m)	[soxor]
ladder (de)	žebřík (m)	[ʒebrʒiːk]
trapje (inklapbaar ~)	dvojitý žebřík (m)	[dvojɪti: ʒebrʒiːk]

aanschroeven (ww)	zakroutit	[zakroutɪt]
losschroeven (ww)	odšroubovávat	[otʃroubovaːvat]
dichtpersen (ww)	svírat	[sviːrat]
vastlijmen (ww)	přilepit	[prʃɪlɛpɪt]
snijden (ww)	řezat	[rʒɛzat]

defect (het)	porucha (ž)	[poruxa]
reparatie (de)	oprava (ž)	[oprava]
repareren (ww)	opravovat	[opravovat]
regelen (een machine ~)	seřizovat	[sɛrʒɪzovat]

checken (ww)	zkoušet	[skouʃɛt]
controle (de)	kontrola (ž)	[kontrola]
gegevens (mv.)	údaj (m)	[uːdaj]

degelijk (bijv. ~ machine)	spolehlivý	[spolɛhlɪviː]
ingewikkeld (bn)	složitý	[sloʒɪtiː]

roesten (ww)	rezavět	[rɛzavet]
roestig (bn)	rezavý	[rɛzaviː]
roest (de/het)	rez (ž)	[rɛz]

Vervoer

105. Vliegtuig

vliegtuig (het)	letadlo (s)	[lɛtadlo]
vliegticket (het)	letenka (ž)	[lɛtɛŋka]
luchtvaartmaatschappij (de)	letecká společnost (ž)	[lɛtɛtska: spolɛtʃnost]
luchthaven (de)	letiště (s)	[lɛtɪʃtɛ]
supersonisch (bn)	nadzvukový	[nadzvukovi:]

gezagvoerder (de)	velitel (m) posádky	[vɛlɪtɛl posa:tkɪ]
bemanning (de)	posádka (ž)	[posa:tka]
piloot (de)	pilot (m)	[pɪlot]
stewardess (de)	letuška (ž)	[lɛtuʃka]
stuurman (de)	navigátor (m)	[navɪga:tor]

vleugels (mv.)	křídla (s mn)	[krʃi:dla]
staart (de)	ocas (m)	[otsas]
cabine (de)	kabina (ž)	[kabɪna]
motor (de)	motor (m)	[motor]
landingsgestel (het)	podvozek (m)	[podvozɛk]
turbine (de)	turbína (ž)	[turbi:na]

propeller (de)	vrtule (ž)	[vrtulɛ]
zwarte doos (de)	černá skříňka (ž)	[tʃɛrna: skrʃi:nʲka]
stuur (het)	řídicí páka (ž)	[rʒi:dɪtsi: pa:ka]
brandstof (de)	palivo (s)	[palɪvo]

veiligheidskaart (de)	předpis (m)	[prʃɛtpɪs]
zuurstofmasker (het)	kyslíková maska (ž)	[kɪsli:kova: maska]
uniform (het)	uniforma (ž)	[unɪforma]

reddingsvest (de)	záchranná vesta (ž)	[za:xranna: vɛsta]
parachute (de)	padák (m)	[pada:k]

opstijgen (het)	start (m) letadla	[start lɛtadla]
opstijgen (ww)	vzlétat	[vzlɛ:tat]
startbaan (de)	rozjezdová dráha (ž)	[rozjɛzdova: dra:ha]

zicht (het)	viditelnost (ž)	[vɪdɪtɛlnost]
vlucht (de)	let (m)	[lɛt]

hoogte (de)	výška (ž)	[vi:ʃka]
luchtzak (de)	vzdušná jáma (ž)	[vzduʃna: jama]

plaats (de)	místo (s)	[mi:sto]
koptelefoon (de)	sluchátka (s mn)	[sluxa:tka]
tafeltje (het)	odklápěcí stolek (m)	[otkla:pɛtsi: stolɛk]
venster (het)	okénko (s)	[okɛ:ŋko]
gangpad (het)	chodba (ž)	[xodba]

106. Trein

trein (de)	vlak (m)	[vlak]
elektrische trein (de)	elektrický vlak (m)	[ɛlɛktrɪtski: vlak]
sneltrein (de)	rychlík (m)	[rɪxli:k]
diesellocomotief (de)	motorová lokomotiva (ž)	[motorova: lokomotɪva]
stoomlocomotief (de)	parní lokomotiva (ž)	[parni: lokomotɪva]
rijtuig (het)	vůz (m)	[vu:z]
restauratierijtuig (het)	jídelní vůz (m)	[ji:dɛlni: vu:z]
rails (mv.)	koleje (ž mn)	[kolɛjɛ]
spoorweg (de)	železnice (ž mn)	[ʒelɛznɪtsɛ]
dwarsligger (de)	pražec (m)	[praʒets]
perron (het)	nástupiště (s)	[na:stupɪʃtɛ]
spoor (het)	kolej (ž)	[kolɛj]
semafoor (de)	návěstidlo (s)	[na:vestɪdlo]
halte (bijv. kleine treinhalte)	stanice (ž)	[stanɪtsɛ]
machinist (de)	strojvůdce (m)	[strojvu:dtsɛ]
kruier (de)	nosič (m)	[nosɪtʃ]
conducteur (de)	průvodčí (m)	[pru:vodtʃi:]
passagier (de)	cestující (m)	[tsɛstuji:tsi:]
controleur (de)	revizor (m)	[rɛvɪzor]
gang (in een trein)	chodba (ž)	[xodba]
noodrem (de)	záchranná brzda (ž)	[za:xranna: brzda]
coupé (de)	oddělení (s)	[oddelɛni:]
bed (slaapplaats)	lůžko (s)	[lu:ʃko]
bovenste bed (het)	horní lůžko (s)	[horni: lu:ʃko]
onderste bed (het)	dolní lůžko (s)	[dolni: lu:ʃko]
beddengoed (het)	lůžkoviny (ž mn)	[lu:ʃkovɪnɪ]
kaartje (het)	jízdenka (ž)	[ji:zdɛŋka]
dienstregeling (de)	jízdní řád (m)	[ji:zdni: rʒa:t]
informatiebord (het)	tabule (ž)	[tabulɛ]
vertrekken (De trein vertrekt ...)	odjíždět	[odji:ʒdet]
vertrek (ov. een trein)	odjezd (m)	[odjɛst]
aankomen (ov. de treinen)	přijíždět	[prʃɪji:ʒdet]
aankomst (de)	příjezd (m)	[prʃi:jɛst]
aankomen per trein	přijet vlakem	[prʃɪɛt vlakɛm]
in de trein stappen	nastoupit do vlaku	[nastoupɪt do vlaku]
uit de trein stappen	vystoupit z vlaku	[vɪstoupɪt z vlaku]
treinwrak (het)	železniční neštěstí (s)	[ʒelɛznɪtʃni: nɛʃtesti:]
stoomlocomotief (de)	parní lokomotiva (ž)	[parni: lokomotɪva]
stoker (de)	topič (m)	[topɪtʃ]
stookplaats (de)	topeniště (s)	[topɛnɪʃtɛ]
steenkool (de)	uhlí (s)	[uhli:]

107. Schip

schip (het)	loď (ž)	[loťⁱ]
vaartuig (het)	loď (ž)	[loťⁱ]

stoomboot (de)	parník (m)	[parni:k]
motorschip (het)	říční loď (ž)	[ritʃni loťⁱ]
lijnschip (het)	linková loď (ž)	[lɪŋkova: loťⁱ]
kruiser (de)	křižník (m)	[krʒɪʒni:k]

jacht (het)	jachta (ž)	[jaxta]
sleepboot (de)	vlek (m)	[vlɛk]
duwbak (de)	vlečná nákladní loď (ž)	[vlɛtʃna: na:kladni: loťⁱ]
ferryboot (de)	prám (m)	[pra:m]

zeilboot (de)	plachetnice (ž)	[plaxɛtnɪtsɛ]
brigantijn (de)	brigantina (ž)	[brɪganti:na]

ijsbreker (de)	ledoborec (m)	[lɛdoborɛts]
duikboot (de)	ponorka (ž)	[ponorka]

boot (de)	loďka (ž)	[loťⁱka]
sloep (de)	člun (m)	[tʃlun]
reddingssloep (de)	záchranný člun (m)	[za:xranni: tʃlun]
motorboot (de)	motorový člun (m)	[motorovi: tʃlun]

kapitein (de)	kapitán (m)	[kapɪta:n]
zeeman (de)	námořník (m)	[na:morʒni:k]
matroos (de)	námořník (m)	[na:morʒni:k]
bemanning (de)	posádka (ž)	[posa:tka]

bootsman (de)	loďmistr (m)	[loďⁱmɪstr]
scheepsjongen (de)	plavčík (m)	[plavtʃi:k]
kok (de)	lodní kuchař (m)	[lodni: kuxarʃ]
scheepsarts (de)	lodní lékař (m)	[lodni: lɛ:karʃ]

dek (het)	paluba (ž)	[paluba]
mast (de)	stěžeň (m)	[stɛʒenⁱ]
zeil (het)	plachta (ž)	[plaxta]

ruim (het)	podpalubí (s)	[potpalubi:]
voorsteven (de)	příď (ž)	[prʃi:ťⁱ]
achtersteven (de)	záď (ž)	[za:ťⁱ]
roeispaan (de)	veslo (s)	[vɛslo]
schroef (de)	lodní šroub (m)	[lodni: ʃroup]

kajuit (de)	kajuta (ž)	[kajuta]
officierskamer (de)	společenská místnost (ž)	[spolɛtʃenska: mi:stnost]
machinekamer (de)	strojovna (ž)	[strojovna]
brug (de)	kapitánský můstek (m)	[kapɪta:nski: mu:stɛk]
radiokamer (de)	rádiová kabina (ž)	[ra:dɪova: kabɪna]
radiogolf (de)	vlna (ž)	[vlna]
logboek (het)	lodní deník (m)	[lodni: dɛni:k]
verrekijker (de)	dalekohled (m)	[dalɛkohlet]
klok (de)	zvon (m)	[zvon]

vlag (de)	vlajka (ž)	[vlajka]
kabel (de)	lano (s)	[lano]
knoop (de)	uzel (m)	[uzɛl]

| leuning (de) | zábradlí (s) | [za:bradli:] |
| trap (de) | schůdky (m mn) | [sxu:tkɪ] |

anker (het)	kotva (ž)	[kotva]
het anker lichten	zvednout kotvy	[zvɛdnout kotvɪ]
het anker neerlaten	spustit kotvy	[spustɪt kotvɪ]
ankerketting (de)	kotevní řetěz (m)	[kotɛvni: rʒɛtez]

haven (bijv. containerhaven)	přístav (m)	[prʃi:staf]
kaai (de)	přístaviště (s)	[prʃi:stavɪʃte]
aanleggen (ww)	přistávat	[prʃɪsta:vat]
wegvaren (ww)	vyplouvat	[vɪplouvat]

reis (de)	cestování (s)	[tsɛstova:ni:]
cruise (de)	výletní plavba (ž)	[vi:letni: plavba]
koers (de)	kurz (m)	[kurs]
route (de)	trasa (ž)	[trasa]

vaarwater (het)	plavební dráha (ž)	[plavɛbni: dra:ha]
zandbank (de)	mělčina (ž)	[mneltʃɪna]
stranden (ww)	najet na mělčinu	[najɛt na mneltʃɪnu]

storm (de)	bouřka (ž)	[bourʃka]
signaal (het)	signál (m)	[sɪgna:l]
zinken (ov. een boot)	potápět se	[pota:pet sɛ]
SOS (noodsignaal)	SOS	[ɛs o: ɛs]
reddingsboei (de)	záchranný kruh (m)	[za:xranni: krux]

108. Vliegveld

luchthaven (de)	letiště (s)	[lɛtɪʃte]
vliegtuig (het)	letadlo (s)	[lɛtadlo]
luchtvaartmaatschappij (de)	letecká společnost (ž)	[lɛtɛtska: spolɛtʃnost]
luchtverkeersleider (de)	dispečer (m)	[dɪspɛtʃɛr]

vertrek (het)	odlet (m)	[odlɛt]
aankomst (de)	přílet (m)	[prʃi:lɛt]
aankomen (per vliegtuig)	přiletět	[prʃɪlɛtet]

| vertrektijd (de) | čas (m) odletu | [tʃas odlɛtu] |
| aankomstuur (het) | čas (m) příletu | [tʃas prʃilɛtu] |

| vertraagd zijn (ww) | mít zpoždění | [mi:t spoʒdɛni:] |
| vluchtvertraging (de) | zpoždění (s) odletu | [spoʒdeni: odlɛtu] |

informatiebord (het)	informační tabule (ž)	[ɪnformatʃni: tabulɛ]
informatie (de)	informace (ž)	[ɪnformatsɛ]
aankondigen (ww)	hlásit	[hla:sɪt]
vlucht (bijv. KLM ~)	let (m)	[lɛt]
douane (de)	celnice (ž)	[tsɛlnɪtsɛ]

douanier (de)	celník (m)	[tsɛlniːk]
douaneaangifte (de)	prohlášení (s)	[prohlaːʃɛniː]
een douaneaangifte invullen	vyplnit prohlášení	[vɪplnɪt prohlaːʃɛniː]
paspoortcontrole (de)	pasová kontrola (ž)	[pasovaː kontrola]
bagage (de)	zavazadla (s mn)	[zavazadla]
handbagage (de)	příruční zavazadlo (s)	[prʃiːrutʃni: zavazadlo]
bagagekarretje (het)	vozík (m) na zavazadla	[voziːk na zavazadla]
landing (de)	přistání (s)	[prʃɪstaːniː]
landingsbaan (de)	přistávací dráha (ž)	[prʃɪstaːvatsi: draːha]
landen (ww)	přistávat	[prʃɪstaːvat]
vliegtuigtrap (de)	pojízdné schůdky (m mn)	[pojiːzdnɛ: sxuːtkɪ]
inchecken (het)	registrace (ž)	[rɛgɪstratsɛ]
incheckbalie (de)	přepážka (ž) registrace	[prʃɛpaːʃka rɛgɪstratsɛ]
inchecken (ww)	zaregistrovat se	[zarɛgɪstrovat sɛ]
instapkaart (de)	palubní lístek (m)	[palubni: liːstɛk]
gate (de)	příchod (m) k nástupu	[prʃiːxot k naːstupu]
transit (de)	tranzit (m)	[tranzɪt]
wachten (ww)	čekat	[tʃɛkat]
wachtzaal (de)	čekárna (ž)	[tʃɛkaːrna]
begeleiden (uitwuiven)	doprovázet	[doprovaːzɛt]
afscheid nemen (ww)	loučit se	[loutʃɪt sɛ]

Gebeurtenissen in het leven

109. Vakanties. Evenement

feest (het)	svátek (m)	[svaːtɛk]
nationale feestdag (de)	národní svátek (m)	[naːrodni: svaːtɛk]
feestdag (de)	sváteční den (m)	[svaːtɛtʃniː dɛn]
herdenken (ww)	oslavovat	[oslavovat]
gebeurtenis (de)	událost (ž)	[udaːlost]
evenement (het)	akce (ž)	[aktsɛ]
banket (het)	banket (m)	[baŋkɛt]
receptie (de)	recepce (ž)	[rɛtsɛptsɛ]
feestmaal (het)	hostina (ž)	[hostɪna]
verjaardag (de)	výročí (s)	[viːrotʃiː]
jubileum (het)	jubileum (s)	[jubɪlɛjum]
vieren (ww)	oslavit	[oslavɪt]
Nieuwjaar (het)	Nový rok (m)	[novi: rok]
Gelukkig Nieuwjaar!	Šťastný nový rok!	[ʃtʲastni: novi: rok]
Kerstfeest (het)	Vánoce (ž mn)	[vaːnotsɛ]
Vrolijk kerstfeest!	Veselé Vánoce!	[vɛsɛlɛː vaːnotsɛ]
kerstboom (de)	vánoční stromek (m)	[vaːnotʃni: stromɛk]
vuurwerk (het)	ohňostroj (m)	[ohnʲostroj]
bruiloft (de)	svatba (ž)	[svatba]
bruidegom (de)	ženich (m)	[ʒɛnɪx]
bruid (de)	nevěsta (ž)	[nɛvesta]
uitnodigen (ww)	zvát	[zvaːt]
uitnodigingskaart (de)	pozvánka (ž)	[pozvaːŋka]
gast (de)	host (m)	[host]
op bezoek gaan	jít na návštěvu	[jiːt na naːvʃtevu]
gasten verwelkomen	vítat hosty	[vitat hostɪ]
geschenk, cadeau (het)	dárek (m)	[daːrɛk]
geven (iets cadeau ~)	darovat	[darovat]
geschenken ontvangen	dostávat dárky	[dostaːvat daːrkɪ]
boeket (het)	kytice (ž)	[kɪtɪtsɛ]
felicitaties (mv.)	blahopřání (s)	[blahoprʃaːniː]
feliciteren (ww)	blahopřát	[blahoprʃaːt]
wenskaart (de)	blahopřejný lístek (m)	[blahoprʃɛjni: liːstɛk]
een kaartje versturen	poslat lístek	[poslat liːstɛk]
een kaartje ontvangen	dostat lístek	[dostat liːstɛk]
toast (de)	přípitek (m)	[prʃiːpɪtɛk]

aanbieden (een drankje ~)	častovat	[tʃastovat]
champagne (de)	šampaňské (s)	[ʃampaɲˈskɛ:]
plezier hebben (ww)	bavit se	[bavɪt sɛ]
plezier (het)	zábava (ž)	[za:bava]
vreugde (de)	radost (ž)	[radost]
dans (de)	tanec (m)	[tanɛts]
dansen (ww)	tančit	[tantʃɪt]
wals (de)	valčík (m)	[valtʃi:k]
tango (de)	tango (s)	[tango]

110. Begrafenissen. Begrafenis

kerkhof (het)	hřbitov (m)	[hrʒbɪtof]
graf (het)	hrob (m)	[hrop]
kruis (het)	kříž (m)	[krʃi:ʃ]
grafsteen (de)	náhrobek (m)	[na:hrobɛk]
omheining (de)	ohrádka (ž)	[ohra:tka]
kapel (de)	kaple (ž)	[kaplɛ]
dood (de)	úmrtí (s)	[u:mrti:]
sterven (ww)	umřít	[umrʒi:t]
overledene (de)	zemřelý (m)	[zɛmrʒɛli:]
rouw (de)	smutek (m)	[smutɛk]
begraven (ww)	pohřbívat	[pohrʒbi:vat]
begrafenisonderneming (de)	pohřební ústav (m)	[pohrʒɛbni: u:staf]
begrafenis (de)	pohřeb (m)	[pohrʒɛp]
krans (de)	věnec (m)	[vɛnɛts]
doodskist (de)	rakev (ž)	[rakɛf]
lijkwagen (de)	katafalk (m)	[katafalk]
lijkkleed (de)	pohřební roucho (m)	[pohrʒɛbni: rouxo]
urn (de)	popelnice (ž)	[popɛlnɪtsɛ]
crematorium (het)	krematorium (s)	[krɛmatorɪum]
overlijdensbericht (het)	nekrolog (m)	[nɛkrolog]
huilen (wenen)	plakat	[plakat]
snikken (huilen)	vzlykat	[vzlɪkat]

111. Oorlog. Soldaten

peloton (het)	četa (ž)	[tʃɛta]
compagnie (de)	rota (ž)	[rota]
regiment (het)	pluk (m)	[pluk]
leger (armee)	armáda (ž)	[arma:da]
divisie (de)	divize (ž)	[dɪvɪzɛ]
sectie (de)	oddíl (m)	[oddi:l]
troep (de)	vojsko (s)	[vojsko]

soldaat (militair)	voják (m)	[voja:k]
officier (de)	důstojník (m)	[du:stojni:k]
soldaat (rang)	vojín (m)	[voji:n]
sergeant (de)	seržant (m)	[sɛrʒant]
luitenant (de)	poručík (m)	[porutʃi:k]
kapitein (de)	kapitán (m)	[kapɪta:n]
majoor (de)	major (m)	[major]
kolonel (de)	plukovník (m)	[plukovni:k]
generaal (de)	generál (m)	[gɛnɛra:l]
matroos (de)	námořník (m)	[na:morʒni:k]
kapitein (de)	kapitán (m)	[kapɪta:n]
bootsman (de)	loďmistr (m)	[loďmɪstr]
artillerist (de)	dělostřelec (m)	[delostrʃɛlɛts]
valschermjager (de)	výsadkář (m)	[vi:satka:rʃ]
piloot (de)	letec (m)	[lɛtɛts]
stuurman (de)	navigátor (m)	[navɪga:tor]
mecanicien (de)	mechanik (m)	[mɛxanɪk]
sappeur (de)	ženista (m)	[ʒenɪsta]
parachutist (de)	parašutista (m)	[paraʃutɪsta]
verkenner (de)	rozvědčík (m)	[rozvedtʃi:k]
scherpschutter (de)	odstřelovač (m)	[otstrʃelovatʃ]
patrouille (de)	hlídka (ž)	[hli:tka]
patrouilleren (ww)	hlídkovat	[hli:tkovat]
wacht (de)	strážný (m)	[stra:ʒni:]
krijger (de)	vojín (m)	[voji:n]
patriot (de)	vlastenec (m)	[vlastɛnɛts]
held (de)	hrdina (m)	[hrdɪna]
heldin (de)	hrdinka (ž)	[hrdɪŋka]
verrader (de)	zrádce (m)	[zra:dtsɛ]
deserteur (de)	zběh (m)	[zbex]
deserteren (ww)	dezertovat	[dɛzɛrtovat]
huurling (de)	žoldnéř (m)	[ʒoldnɛ:rʃ]
rekruut (de)	branec (m)	[branɛts]
vrijwilliger (de)	dobrovolník (m)	[dobrovolni:k]
gedode (de)	zabitý (m)	[zabɪti:]
gewonde (de)	raněný (m)	[raneni:]
krijgsgevangene (de)	zajatec (m)	[zajatɛts]

112. Oorlog. Militaire acties. Deel 1

oorlog (de)	válka (ž)	[va:lka]
oorlog voeren (ww)	bojovat	[bojovat]
burgeroorlog (de)	občanská válka (ž)	[obtʃanska: va:lka]
achterbaks (bw)	věrolomně	[verolomne]
oorlogsverklaring (de)	vyhlášení (s)	[vɪhla:ʃɛni:]

verklaren (de oorlog ~)	vyhlásit	[vɪhlaːsɪt]
agressie (de)	agrese (ž)	[agrɛsɛ]
aanvallen (binnenvallen)	přepadat	[prʃɛpadat]
binnenvallen (ww)	uchvacovat	[uxvatsovat]
invaller (de)	uchvatitel (m)	[uxvatɪtɛl]
veroveraar (de)	dobyvatel (m)	[dobɪvatɛl]
verdediging (de)	obrana (ž)	[obrana]
verdedigen (je land ~)	bránit	[braːnɪt]
zich verdedigen (ww)	bránit se	[braːnɪt sɛ]
vijand, tegenstander (de)	nepřítel (m)	[nɛprʃiːtɛl]
vijandelijk (bn)	nepřátelský	[nɛprʃaːtɛlskiː]
strategie (de)	strategie (ž)	[stratɛɡɪɛ]
tactiek (de)	taktika (ž)	[taktɪka]
order (de)	rozkaz (m)	[roskas]
bevel (het)	povel (m)	[povɛl]
bevelen (ww)	rozkazovat	[roskazovat]
opdracht (de)	úkol (m)	[uːkol]
geheim (bn)	tajný	[tajniː]
veldslag (de)	bitva (ž)	[bɪtva]
strijd (de)	boj (m)	[boj]
aanval (de)	útok (m)	[uːtok]
bestorming (de)	útok (m)	[uːtok]
bestormen (ww)	dobývat útokem	[dobiːvat uːtokɛm]
bezetting (de)	obležení (s)	[oblɛʒeniː]
aanval (de)	ofenzíva (ž)	[ofɛnziːva]
in het offensief te gaan	zahájit ofenzivu	[zahaːjɪt ofɛnzivu]
terugtrekking (de)	ústup (m)	[uːstup]
zich terugtrekken (ww)	ustupovat	[ustupovat]
omsingeling (de)	obklíčení (s)	[opkliːtʃɛniː]
omsingelen (ww)	obkličovat	[opklɪtʃovat]
bombardement (het)	bombardování (s)	[bombardovaːniː]
een bom gooien	shodit pumu	[sxodɪt pumu]
bombarderen (ww)	bombardovat	[bombardovat]
ontploffing (de)	výbuch (m)	[viːbux]
schot (het)	výstřel (m)	[viːstrʃɛl]
een schot lossen	vystřelit	[vɪstrʒɛlɪt]
schieten (het)	střelba (ž)	[strʃɛlba]
mikken op (ww)	mířit	[miːrʒɪt]
aanleggen (een wapen ~)	zamířit	[zamiːrʒɪt]
treffen (doelwit ~)	zasáhnout	[zasaːhnout]
zinken (tot zinken brengen)	potopit	[potopɪt]
kogelgat (het)	trhlina (ž)	[trhlɪna]

zinken (gezonken zijn)	topit se	[topɪt sɛ]
front (het)	fronta (ž)	[fronta]
evacuatie (de)	evakuace (ž)	[ɛvakuatsɛ]
evacueren (ww)	evakuovat	[ɛvakuovat]
prikkeldraad (de)	ostnatý drát (m)	[ostnati: dra:t]
verdedigingsobstakel (het)	zátaras (m)	[za:taras]
wachttoren (de)	věž (ž)	[veʃ]
hospitaal (het)	vojenská nemocnice (ž)	[vojɛnska: nɛmotsnɪtsɛ]
verwonden (ww)	zranit	[zranɪt]
wond (de)	rána (ž)	[ra:na]
gewonde (de)	raněný (m)	[raneni:]
gewond raken (ww)	utrpět zranění	[utrpet zraneni:]
ernstig (~e wond)	těžký	[teʃki:]

113. Oorlog. Militaire acties. Deel 2

krijgsgevangenschap (de)	zajetí (s)	[zajɛti:]
krijgsgevangen nemen	zajmout	[zajmout]
krijgsgevangene zijn	být v zajetí	[bi:t v zajɛti:]
krijgsgevangen genomen worden	dostat se do zajetí	[dostat sɛ do zajɛti:]
concentratiekamp (het)	koncentrační tábor (m)	[kontsɛntratʃni: ta:bor]
krijgsgevangene (de)	zajatec (m)	[zajatɛts]
vluchten (ww)	utéci	[utɛ:tsɪ]
verraden (ww)	zradit	[zradɪt]
verrader (de)	zrádce (m)	[zra:dtsɛ]
verraad (het)	zrada (ž)	[zrada]
fusilleren (executeren)	zastřelit	[zastrʃɛlɪt]
executie (de)	smrt (ž) zastřelením	[smrt zastrʃɛlɛni:m]
uitrusting (de)	výstroj (ž)	[vi:stroj]
schouderstuk (het)	náramenίk (m)	[na:ramɛni:k]
gasmasker (het)	plynová maska (ž)	[plɪnova: maska]
portofoon (de)	vysílačka (ž)	[vɪsi:latʃka]
geheime code (de)	šifra (ž)	[ʃɪfra]
samenzwering (de)	konspirace (ž)	[konspɪratsɛ]
wachtwoord (het)	heslo (s)	[hɛslo]
mijn (landmijn)	mina (ž)	[mɪna]
ondermijnen (legden mijnen)	zaminovat	[zamɪnovat]
mijnenveld (het)	minové pole (s)	[mɪnovɛ: polɛ]
luchtalarm (het)	letecký poplach (m)	[lɛtɛtski: poplax]
alarm (het)	poplach (m)	[poplax]
signaal (het)	signál (m)	[sɪgna:l]
vuurpijl (de)	světlice (ž)	[svetlɪtsɛ]
staf (generale ~)	štáb (m)	[ʃta:p]
verkenning (de)	rozvědka (ž)	[rozvɛtka]

toestand (de)	situace (ž)	[sɪtuatsɛ]
rapport (het)	hlášení (s)	[hlaːʃɛniː]
hinderlaag (de)	záloha (ž)	[zaːloha]
versterking (de)	posila (ž)	[posɪla]
doel (bewegend ~)	terč (m)	[tɛrtʃ]
proefterrein (het)	střelnice (ž)	[strʃɛlnɪtsɛ]
manoeuvres (mv.)	manévry (m mn)	[manɛːvrɪ]
paniek (de)	panika (ž)	[panɪka]
verwoesting (de)	rozvrat (m)	[rozvrat]
verwoestingen (mv.)	zpustošení (s)	[spustoʃɛniː]
verwoesten (ww)	zpustošit	[spustoʃɪt]
overleven (ww)	přežít	[prʃɛʒiːt]
ontwapenen (ww)	odzbrojit	[odzbrojɪt]
behandelen (een pistool ~)	zacházet	[zaxaːzɛt]
Geeft acht!	Pozor!	[pozor]
Op de plaats rust!	Pohov!	[pohof]
heldendaad (de)	hrdinský čin (m)	[hrdɪnski: tʃɪn]
eed (de)	přísaha (ž)	[prʃiːsaha]
zweren (een eed doen)	přísahat	[prʃiːsahat]
decoratie (de)	vyznamenání (s)	[vɪznamɛnaːniː]
onderscheiden (een ereteken geven)	vyznamenávat	[vɪznamɛnaːvat]
medaille (de)	medaile (ž)	[mɛdajlɛ]
orde (de)	řád (m)	[rʒaːt]
overwinning (de)	vítězství (s)	[viːtezstviː]
verlies (het)	porážka (ž)	[poraːʃka]
wapenstilstand (de)	příměří (s)	[prʃiːmnɛrʒiː]
wimpel (vaandel)	prapor (m)	[prapor]
roem (de)	sláva (ž)	[slaːva]
parade (de)	vojenská přehlídka (ž)	[vojɛnska: prʃɛhliːtka]
marcheren (ww)	pochodovat	[poxodovat]

114. Wapens

wapens (mv.)	zbraň (ž)	[zbraɲ]
vuurwapens (mv.)	střelná zbraň (ž)	[strʃɛlna: zbraɲ]
koude wapens (mv.)	bodná a sečná zbraň (ž)	[bodna: a sɛtʃna: zbraɲ]
chemische wapens (mv.)	chemická zbraň (ž)	[xɛmɪtska: zbraɲ]
kern-, nucleair (bn)	jaderný	[jadɛrniː]
kernwapens (mv.)	jaderná zbraň (ž)	[jadɛrna: zbraɲ]
bom (de)	puma (ž)	[puma]
atoombom (de)	atomová puma (ž)	[atomova: puma]
pistool (het)	pistole (ž)	[pɪstolɛ]
geweer (het)	puška (ž)	[puʃka]

machinepistool (het)	samopal (m)	[samopal]
machinegeweer (het)	kulomet (m)	[kulomɛt]
loop (schietbuis)	ústí (s) hlavně	[uːsti: hlavne]
loop (bijv. geweer met kortere ~)	hlaveň (ž)	[hlavɛnʲ]
kaliber (het)	ráž (ž)	[raːʃ]
trekker (de)	kohoutek (m)	[kohoutɛk]
korrel (de)	hledí (s)	[hlɛdiː]
magazijn (het)	zásobník (m)	[zaːsobniːk]
geweerkolf (de)	pažba (ž)	[paʒba]
granaat (handgranaat)	granát (m)	[granaːt]
explosieven (mv.)	výbušnina (ž)	[viːbuʃnɪna]
kogel (de)	kulka (ž)	[kulka]
patroon (de)	náboj (m)	[naːboj]
lading (de)	nálož (ž)	[naːloʃ]
ammunitie (de)	střelivo (s)	[strʃɛlɪvo]
bommenwerper (de)	bombardér (m)	[bombardɛːr]
straaljager (de)	stíhačka (ž)	[stiːhatʃka]
helikopter (de)	vrtulník (m)	[vrtulniːk]
afweergeschut (het)	protiletadlové dělo (s)	[protɪlɛtadlovɛː delo]
tank (de)	tank (m)	[taŋk]
kanon (tank met een ~ van 76 mm)	tankové dělo (s)	[taŋkovɛː delo]
artillerie (de)	dělostřelectvo (s)	[delostrʃɛlɛtstvo]
kanon (het)	dělo (s)	[delo]
aanleggen (een wapen ~)	zamířit	[zamiːrʒɪt]
projectiel (het)	střela (ž)	[strʃɛla]
mortiergranaat (de)	mina (ž)	[mɪna]
mortier (de)	minomet (m)	[mɪnomɛt]
granaatscherf (de)	střepina (ž)	[strʃɛpɪna]
duikboot (de)	ponorka (ž)	[ponorka]
torpedo (de)	torpédo (s)	[torpɛːdo]
raket (de)	raketa (ž)	[rakɛta]
laden (geweer, kanon)	nabíjet	[nabiːjɛt]
schieten (ww)	střílet	[strʃiːlɛt]
richten op (mikken)	mířit	[miːrʒɪt]
bajonet (de)	bodák (m)	[bodaːk]
degen (de)	kord (m)	[kort]
sabel (de)	šavle (ž)	[ʃavlɛ]
speer (de)	kopí (s)	[kopiː]
boog (de)	luk (m)	[luk]
pijl (de)	šíp (m)	[ʃiːp]
musket (de)	mušketa (ž)	[muʃkɛta]
kruisboog (de)	samostříl (m)	[samostrʃiːl]

115. Oude mensen

primitief (bn)	prvobytný	[prvobɪtni:]
voorhistorisch (bn)	prehistorický	[prɛhɪstorɪtski:]
eeuwenoude (~ beschaving)	starobylý	[starobɪli:]
Steentijd (de)	Doba (ž) kamenná	[doba kamɛnna:]
Bronstijd (de)	Doba (ž) bronzová	[doba bronzova:]
IJstijd (de)	Doba (ž) ledová	[doba lɛdova:]
stam (de)	kmen (m)	[kmɛn]
menseneter (de)	lidojed (m)	[lɪdojɛt]
jager (de)	lovec (m)	[lovɛts]
jagen (ww)	lovit	[lovɪt]
mammoet (de)	mamut (m)	[mamut]
grot (de)	jeskyně (ž)	[jɛskɪne]
vuur (het)	oheň (m)	[ohɛnʲ]
kampvuur (het)	táborák (m)	[taborak]
rotstekening (de)	jeskynní malba (ž)	[jɛskɪnni: malba]
werkinstrument (het)	pracovní nástroje (m mn)	[pratsovni: na:strojɛ]
speer (de)	oštěp (m)	[oʃtep]
stenen bijl (de)	kamenná sekera (ž)	[kamɛnna: sɛkɛra]
oorlog voeren (ww)	bojovat	[bojovat]
temmen (bijv. wolf ~)	ochočovat	[oxotʃovat]
idool (het)	modla (ž)	[modla]
aanbidden (ww)	klanět se	[klanet sɛ]
bijgeloof (het)	pověra (ž)	[povera]
evolutie (de)	evoluce (ž)	[ɛvolutsɛ]
ontwikkeling (de)	rozvoj (m)	[rozvoj]
verdwijning (de)	vymizení (s)	[vɪmɪzɛni:]
zich aanpassen (ww)	přizpůsobovat se	[pr̝ɪspu:sobovat sɛ]
archeologie (de)	archeologie (ž)	[arxɛologɪe]
archeoloog (de)	archeolog (m)	[arxɛolog]
archeologisch (bn)	archeologický	[arxɛologɪtski:]
opgravingsplaats (de)	vykopávky (ž mn)	[vɪkopa:fkɪ]
opgravingen (mv.)	vykopávky (ž mn)	[vɪkopa:fkɪ]
vondst (de)	objev (m)	[objɛf]
fragment (het)	část (ž)	[tʃa:st]

116. Middeleeuwen

volk (het)	lid, národ (m)	[lɪt], [na:rot]
volkeren (mv.)	národy (m mn)	[na:rodɪ]
stam (de)	kmen (m)	[kmɛn]
stammen (mv.)	kmeny (m mn)	[kmɛnɪ]
barbaren (mv.)	barbaři (m mn)	[barbarʒɪ]
Galliërs (mv.)	Galové (m mn)	[galovɛ:]

Goten (mv.)	Gótové (m mn)	[goːtovɛː]
Slaven (mv.)	Slované (m mn)	[slovanɛː]
Vikings (mv.)	Vikingové (m mn)	[vɪkɪŋgovɛː]

| Romeinen (mv.) | Římané (m mn) | [r̝ɟiːmanɛː] |
| Romeins (bn) | římský | [r̝ɟiːmskiː] |

Byzantijnen (mv.)	obyvatelé (m mn) Byzantské říše	[obɪvatɛlɛː bɪzantskɛː r̝ʃiːʃɛ]
Byzantium (het)	Byzantská říše (ž)	[bɪzantska: r̝ʃiːʃɛ]
Byzantijns (bn)	byzantský	[bɪzantski:]

keizer (bijv. Romeinse ~)	císař (m)	[tsiːsar̝ʃ]
opperhoofd (het)	vůdce (m)	[vuːdtsɛ]
machtig (bn)	mocný	[motsni:]
koning (de)	král (m)	[kraːl]
heerser (de)	vladař (m)	[vladar̝ʃ]

ridder (de)	rytíř (m)	[rɪtiːr̝ʃ]
feodaal (de)	feudál (m)	[fɛudaːl]
feodaal (bn)	feudální	[fɛudaːlni:]
vazal (de)	vasal (m)	[vasal]

hertog (de)	vévoda (m)	[vɛːvoda]
graaf (de)	hrabě (m)	[hrabɛ]
baron (de)	barel (m)	[barɛl]
bisschop (de)	biskup (m)	[bɪskup]

harnas (het)	brnění (s)	[brneni:]
schild (het)	štít (m)	[ʃtiːt]
zwaard (het)	meč (m)	[mɛtʃ]
vizier (het)	hledí (s)	[hlɛdi:]
maliënkolder (de)	kroužková košile (ž)	[krouʃkova: koʃɪlɛ]

| kruistocht (de) | křižácká výprava (ž) | [kr̝ʃɪʒaːtska: vi:prava] |
| kruisvaarder (de) | křižák (m) | [kr̝ʃɪʒaːk] |

gebied (bijv. bezette ~en)	území (s)	[uːzɛmi:]
aanvallen (binnenvallen)	přepadat	[pr̝ʃɛpadat]
veroveren (ww)	dobýt	[dobiːt]
innemen (binnenvallen)	zmocnit se	[zmotsnɪt sɛ]

bezetting (de)	obležení (s)	[oblɛʒeni:]
belegerd (bn)	obklíčený	[opkliːtʃɛni:]
belegeren (ww)	obkličovat	[opklɪtʃovat]

inquisitie (de)	inkvizice (ž)	[ɪŋkvɪzɪtsɛ]
inquisiteur (de)	inkvizitor (m)	[ɪŋkvɪzɪtor]
foltering (de)	mučení (s)	[mutʃɛni:]
wreed (bn)	krutý	[kruti:]
ketter (de)	kacíř (m)	[katsiːr̝ʃ]
ketterij (de)	bludařství (s)	[bludar̝ʃstvi:]

zeevaart (de)	mořeplavba (ž)	[mor̝ʒɛplavba]
piraat (de)	pirát (m)	[pɪraːt]
piraterij (de)	pirátství (s)	[pɪraːtstvi:]

enteren (het)	abordáž (ž)	[aborda:ʃ]
buit (de)	kořist (ž)	[korʒɪst]
schatten (mv.)	bohatství (s)	[bohatstvi:]

ontdekking (de)	objevení (s)	[objɛvɛni:]
ontdekken (bijv. nieuw land)	objevit	[objɛvɪt]
expeditie (de)	výprava (ž)	[vi:prava]

musketier (de)	mušketýr (m)	[muʃkɛti:r]
kardinaal (de)	kardinál (m)	[kardɪna:l]
heraldiek (de)	heraldika (ž)	[hɛraldɪka]
heraldisch (bn)	heraldický	[hɛraldɪtski:]

117. Leider. Baas. Autoriteiten

koning (de)	král (m)	[kra:l]
koningin (de)	královna (ž)	[kra:lovna]
koninklijk (bn)	královský	[kra:lovski:]
koninkrijk (het)	království (s)	[kra:lovstvi:]

prins (de)	princ (m)	[prɪnts]
prinses (de)	princezna (ž)	[prɪntsɛzna]

president (de)	prezident (m)	[prɛzɪdɛnt]
vicepresident (de)	viceprezident (m)	[vɪtsɛprɛzɪdɛnt]
senator (de)	senátor (m)	[sɛna:tor]

monarch (de)	monarcha (m)	[monarxa]
heerser (de)	vladař (m)	[vladarʃ]
dictator (de)	diktátor (m)	[dɪkta:tor]
tiran (de)	tyran (m)	[tɪran]
magnaat (de)	magnát (m)	[magna:t]

directeur (de)	ředitel (m)	[rʒɛdɪtɛl]
chef (de)	šéf (m)	[ʃɛ:f]
beheerder (de)	správce (m)	[spra:vtsɛ]
baas (de)	bos (m)	[bos]
eigenaar (de)	majitel (m)	[majɪtɛl]

hoofd (bijv. ~ van de delegatie)	hlava (m)	[hlava]
autoriteiten (mv.)	úřady (m mn)	[u:rʒadɪ]
superieuren (mv.)	vedení (s)	[vɛdɛni:]

gouverneur (de)	gubernátor (m)	[gubɛrna:tor]
consul (de)	konzul (m)	[konzul]
diplomaat (de)	diplomat (m)	[dɪplomat]
burgemeester (de)	primátor (m)	[prɪma:tor]
sheriff (de)	šerif (m)	[ʃɛrɪf]

keizer (bijv. Romeinse ~)	císař (m)	[tsi:sarʃ]
tsaar (de)	car (m)	[tsar]
farao (de)	faraón (m)	[farao:n]
kan (de)	chán (m)	[xa:n]

118. De wet overtreden. Criminelen. Deel 1

bandiet (de)	**bandita** (m)	[bandɪta]
misdaad (de)	**zločin** (m)	[zlotʃɪn]
misdadiger (de)	**zločinec** (m)	[zlotʃɪnɛts]
dief (de)	**zloděj** (m)	[zlodej]
stelen (ww)	**krást**	[kra:st]
stelen (de)	**loupež** (ž)	[loupɛʃ]
diefstal (de)	**krádež** (ž)	[kra:dɛʃ]
kidnappen (ww)	**unést**	[unɛ:st]
kidnapping (de)	**únos** (m)	[u:nos]
kidnapper (de)	**únosce** (m)	[u:nostsɛ]
losgeld (het)	**výkupné** (s)	[vi:kupnɛ:]
eisen losgeld (ww)	**žádat výkupné**	[ʒa:dat vi:kupnɛ:]
overvallen (ww)	**loupit**	[loupɪt]
overval (de)	**loupež** (ž)	[loupɛʃ]
overvaller (de)	**lupič** (m)	[lupɪtʃ]
afpersen (ww)	**vydírat**	[vɪdi:rat]
afperser (de)	**vyděrač** (m)	[vɪderatʃ]
afpersing (de)	**vyděračství** (s)	[vɪderatʃstvi:]
vermoorden (ww)	**zabít**	[zabi:t]
moord (de)	**vražda** (ž)	[vraʒda]
moordenaar (de)	**vrah** (m)	[vrax]
schot (het)	**výstřel** (m)	[vi:strʃɛl]
een schot lossen	**vystřelit**	[vɪstrʒɛlɪt]
neerschieten (ww)	**zastřelit**	[zastrʃɛlɪt]
schieten (ww)	**střílet**	[strʃi:lɛt]
schieten (het)	**střelba** (ž)	[strʃɛlba]
ongeluk (gevecht, enz.)	**nehoda** (ž)	[nɛhoda]
gevecht (het)	**rvačka** (ž)	[rvatʃka]
Help!	**Pomoc!**	[pomots]
slachtoffer (het)	**oběť** (ž)	[obetj]
beschadigen (ww)	**poškodit**	[poʃkodɪt]
schade (de)	**škoda** (ž)	[ʃkoda]
lijk (het)	**mrtvola** (ž)	[mrtvola]
zwaar (~ misdrijf)	**těžký**	[tɛʃki:]
aanvallen (ww)	**napadnout**	[napadnout]
slaan (iemand ~)	**bít**	[bi:t]
in elkaar slaan (toetakelen)	**zbít**	[zbi:t]
ontnemen (beroven)	**odebrat**	[odɛbrat]
steken (met een mes)	**zabít**	[zabi:t]
verminken (ww)	**zmrzačit**	[zmrzatʃɪt]
verwonden (ww)	**zranit**	[zranɪt]
chantage (de)	**vyděračství** (s)	[vɪderatʃstvi:]
chanteren (ww)	**vydírat**	[vɪdi:rat]

chanteur (de)	vyděrač (m)	[vɪderatʃ]
afpersing (de)	vyděračství (s)	[vɪderatʃstvi:]
afperser (de)	vyděrač (m)	[vɪderatʃ]
gangster (de)	gangster (m)	[gangstɛr]
maffia (de)	mafie (ž)	[mafɪe]

kruimeldief (de)	kapsář (m)	[kapsa:rʃ]
inbreker (de)	kasař (m)	[kasarʃ]
smokkelen (het)	pašování (s)	[paʃova:ni:]
smokkelaar (de)	pašerák (m)	[paʃɛra:k]

namaak (de)	padělání (s)	[padela:ni:]
namaken (ww)	padělat	[padelat]
namaak-, vals (bn)	padělaný	[padelani:]

119. De wet overtreden. Criminelen. Deel 2

verkrachting (de)	znásilnění (s)	[zna:sɪlneni:]
verkrachten (ww)	znásilnit	[zna:sɪlnɪt]
verkrachter (de)	násilník (m)	[na:sɪlni:k]
maniak (de)	maniak (m)	[manɪak]

prostituee (de)	prostitutka (ž)	[prostɪtutka]
prostitutie (de)	prostituce (ž)	[prostɪtutsɛ]
pooier (de)	kuplíř (m)	[kupli:rʃ]

| drugsverslaafde (de) | narkoman (m) | [narkoman] |
| drugshandelaar (de) | drogový dealer (m) | [drogovi: di:lɛr] |

opblazen (ww)	vyhodit do povětří	[vɪhodɪt do povetrʃi:]
explosie (de)	výbuch (m)	[vi:bux]
in brand steken (ww)	zapálit	[zapa:lɪt]
brandstichter (de)	žhář (m)	[ʒha:rʃ]

terrorisme (het)	terorismus (m)	[tɛrorɪzmus]
terrorist (de)	terorista (m)	[tɛrorɪsta]
gijzelaar (de)	rukojmí (m)	[rukojmi:]

bedriegen (ww)	oklamat	[oklamat]
bedrog (het)	podvod (m)	[podvot]
oplichter (de)	podvodník (m)	[podvodni:k]

omkopen (ww)	podplatit	[potplatɪt]
omkoperij (de)	podplácení (s)	[potpla:tsɛni:]
smeergeld (het)	úplatek (m)	[u:platɛk]

vergif (het)	jed (m)	[jɛt]
vergiftigen (ww)	otrávit	[otra:vɪt]
vergif innemen (ww)	otrávit se	[otra:vɪt sɛ]

zelfmoord (de)	sebevražda (ž)	[sɛbɛvraʒda]
zelfmoordenaar (de)	sebevrah (m)	[sɛbɛvrax]
bedreigen (bijv. met een pistool)	vyhrožovat	[vɪhroʒovat]

bedreiging (de)	vyhrůžka (ž)	[vɪhruːʃka]
een aanslag plegen	páchat atentát	[paːxat atentaːt]
aanslag (de)	atentát (m)	[atɛntaːt]

stelen (een auto)	unést	[unɛːst]
kapen (een vliegtuig)	unést	[unɛːst]

wraak (de)	pomsta (ž)	[pomsta]
wreken (ww)	mstít se	[mstiːt sɛ]

martelen (gevangenen)	mučit	[mutʃɪt]
foltering (de)	mučení (s)	[mutʃɛniː]
folteren (ww)	trápit	[traːpɪt]

piraat (de)	pirát (m)	[pɪraːt]
straatschender (de)	chuligán (m)	[xulɪgaːn]
gewapend (bn)	ozbrojený	[ozbrojɛniː]
geweld (het)	násilí (s)	[naːsɪliː]

spionage (de)	špionáž (ž)	[ʃpɪonaːʃ]
spioneren (ww)	špehovat	[ʃpɛhovat]

120. Politie. Wet. Deel 1

justitie (de)	justice (ž)	[justɪtsɛ]
gerechtshof (het)	soud (m)	[sout]

rechter (de)	soudce (m)	[soudtsɛ]
jury (de)	porotci (m mn)	[porottsɪ]
juryrechtspraak (de)	porota (ž)	[porota]
berechten (ww)	soudit	[soudɪt]

advocaat (de)	advokát (m)	[advokaːt]
beklaagde (de)	obžalovaný (m)	[obʒalovaniː]
beklaagdenbank (de)	lavice (ž) obžalovaných	[lavɪtsɛ obʒalovaniːx]

beschuldiging (de)	žaloba (ž)	[ʒaloba]
beschuldigde (de)	obžalovaný (m)	[obʒalovaniː]

vonnis (het)	rozsudek (m)	[rozsudɛk]
veroordelen (in een rechtszaak)	odsoudit	[otsoudɪt]

schuldige (de)	viník (m)	[vɪniːk]
straffen (ww)	potrestat	[potrɛstat]
bestraffing (de)	trest (m)	[trɛst]

boete (de)	pokuta (ž)	[pokuta]
levenslange opsluiting (de)	doživotní vězení (s)	[doʒɪvotniː vezɛniː]
doodstraf (de)	trest (m) smrti	[trɛst smrtɪ]
elektrische stoel (de)	elektrické křeslo (s)	[ɛlɛktrɪtskɛː krʃɛslo]
schavot (het)	šibenice (ž)	[ʃɪbɛnɪtsɛ]
executeren (ww)	popravit	[popravɪt]
executie (de)	poprava (ž)	[poprava]

gevangenis (de)	vězení (s)	[vezɛni:]
cel (de)	cela (ž)	[tsɛla]

konvooi (het)	ozbrojený doprovod (m)	[ozbrojɛni: doprovot]
gevangenisbewaker (de)	dozorce (m)	[dozortsɛ]
gedetineerde (de)	vězeň (m)	[vezɛnʲ]

handboeien (mv.)	pouta (s mn)	[pouta]
handboeien omdoen	nasadit pouta	[nasadɪt pouta]

ontsnapping (de)	útěk (m)	[u:tek]
ontsnappen (ww)	uprchnout	[uprxnout]
verdwijnen (ww)	zmizet	[zmɪzɛt]
vrijlaten (uit de gevangenis)	propustit	[propustɪt]
amnestie (de)	amnestie (ž)	[amnɛstɪe]

politie (de)	policie (ž)	[polɪtsɪe]
politieagent (de)	policista (m)	[polɪtsɪsta]
politiebureau (het)	policejní stanice (ž)	[polɪtsɛjni: stanɪtsɛ]
knuppel (de)	gumový obušek (m)	[gumovi: obuʃɛk]
megafoon (de)	hlásná trouba (ž)	[hla:sna: trouba]

patrouilleerwagen (de)	policejní vůz (m)	[polɪtsɛjni: vu:z]
sirene (de)	houkačka (ž)	[houkatʃka]
de sirene aansteken	zapnout houkačku	[zapnout houkatʃku]
geloei (het) van de sirene	houkání (s)	[houka:ni:]

plaats delict (de)	místo (s) činu	[mi:sto tʃɪnu]
getuige (de)	svědek (m)	[svedɛk]
vrijheid (de)	svoboda (ž)	[svoboda]
handlanger (de)	spolupachatel (m)	[spolupaxatɛl]
ontvluchten (ww)	zmizet	[zmɪzɛt]
spoor (het)	stopa (ž)	[stopa]

121. Politie. Wet. Deel 2

opsporing (de)	pátrání (s)	[pa:tra:ni:]
opsporen (ww)	pátrat	[pa:trat]
verdenking (de)	podezření (s)	[podɛzrʒeni:]
verdacht (bn)	podezřelý	[podɛzrʒeli:]
aanhouden (stoppen)	zastavit	[zastavɪt]
tegenhouden (ww)	zadržet	[zadrʒet]

strafzaak (de)	případ (m)	[prʃi:pat]
onderzoek (het)	vyšetřování (s)	[vɪʃɛtrʃova:ni:]
detective (de)	detektiv (m)	[dɛtɛktɪf]
onderzoeksrechter (de)	vyšetřovatel (m)	[vɪʃɛtrʃovatɛl]
versie (de)	verze (ž)	[vɛrzɛ]

motief (het)	motiv (m)	[motɪf]
verhoor (het)	výslech (m)	[vi:slɛx]
ondervragen (door de politie)	vyslýchat	[vɪsli:xat]
ondervragen (omstanders ~)	vyslýchat	[vɪsli:xat]
controle (de)	kontrola (ž)	[kontrola]

razzia (de)	zátah (m)	[zaːtax]
huiszoeking (de)	prohlídka (ž)	[prohliːtka]
achtervolging (de)	stíhání (s)	[stiːhaːniː]
achtervolgen (ww)	pronásledovat	[pronaːslɛdovat]
opsporen (ww)	sledovat	[slɛdovat]
arrest (het)	zatčení (s)	[zatʃɛniː]
arresteren (ww)	zatknout	[zatknout]
vangen, aanhouden (een dief, enz.)	chytit	[xɪtɪt]
aanhouding (de)	chycení (s)	[xɪtsɛniː]
document (het)	dokument (m)	[dokumɛnt]
bewijs (het)	důkaz (m)	[duːkaz]
bewijzen (ww)	dokazovat	[dokazovat]
voetspoor (het)	stopa (ž)	[stopa]
vingerafdrukken (mv.)	otisky (m mn) prstů	[otɪskɪ prstuː]
bewijs (het)	důkaz (m)	[duːkaz]
alibi (het)	alibi (s)	[alɪbɪ]
onschuldig (bn)	nevinný	[nɛvɪnniː]
onrecht (het)	nespravedlivost (ž)	[nɛspravɛdlɪvost]
onrechtvaardig (bn)	nespravedlivý	[nɛspraːvɛdlɪviː]
crimineel (bn)	kriminální	[krɪmɪnaːlniː]
confisqueren (in beslag nemen)	konfiskovat	[konfɪskovat]
drug (de)	droga (ž)	[droga]
wapen (het)	zbraň (ž)	[zbranʲ]
ontwapenen (ww)	odzbrojit	[odzbrojɪt]
bevelen (ww)	rozkazovat	[roskazovat]
verdwijnen (ww)	zmizet	[zmɪzɛt]
wet (de)	zákon (m)	[zaːkon]
wettelijk (bn)	zákonný	[zaːkonniː]
onwettelijk (bn)	nezákonný	[nɛzaːkonniː]
verantwoordelijkheid (de)	odpovědnost (ž)	[otpovednost]
verantwoordelijk (bn)	odpovědný	[otpovedniː]

NATUUR

De Aarde. Deel 1

122. De kosmische ruimte

kosmos (de)	kosmos (m)	[kosmos]
kosmisch (bn)	kosmický	[kosmɪtski:]
kosmische ruimte (de)	kosmický prostor (m)	[kosmɪtski: prostor]
wereld (de), heelal (het)	vesmír (m)	[vɛsmi:r]
sterrenstelsel (het)	galaxie (ž)	[galaksɪe]
ster (de)	hvězda (ž)	[hvezda]
sterrenbeeld (het)	souhvězdí (s)	[souhvezdi:]
planeet (de)	planeta (ž)	[planɛta]
satelliet (de)	družice (ž)	[druʒɪtsɛ]
meteoriet (de)	meteorit (m)	[mɛtɛorɪt]
komeet (de)	kometa (ž)	[komɛta]
asteroïde (de)	asteroid (m)	[astɛroɪt]
baan (de)	oběžná dráha (ž)	[obeʒna: dra:ha]
draaien (om de zon, enz.)	otáčet se	[ota:tʃɛt sɛ]
atmosfeer (de)	atmosféra (ž)	[atmosfɛ:ra]
Zon (de)	Slunce (s)	[sluntsɛ]
zonnestelsel (het)	sluneční soustava (ž)	[slunɛtʃni: soustava]
zonsverduistering (de)	sluneční zatmění (s)	[slunɛtʃni: zatmneni:]
Aarde (de)	Země (ž)	[zɛmnɛ]
Maan (de)	Měsíc (m)	[mnesi:ts]
Mars (de)	Mars (m)	[mars]
Venus (de)	Venuše (ž)	[vɛnuʃɛ]
Jupiter (de)	Jupiter (m)	[jupɪtɛr]
Saturnus (de)	Saturn (m)	[saturn]
Mercurius (de)	Merkur (m)	[mɛrkur]
Uranus (de)	Uran (m)	[uran]
Neptunus (de)	Neptun (m)	[nɛptun]
Pluto (de)	Pluto (s)	[pluto]
Melkweg (de)	Mléčná dráha (ž)	[mlɛ:tʃna: dra:ha]
Grote Beer (de)	Velká medvědice (ž)	[vɛlka: mɛdvedɪtsɛ]
Poolster (de)	Polárka (ž)	[pola:rka]
marsmannetje (het)	Marťan (m)	[marťan]
buitenaards wezen (het)	mimozemšťan (m)	[mɪmozɛmʃťan]

| bovenaards (het) | vetřelec (m) | [vɛtrʃɛlɛts] |
| vliegende schotel (de) | létající talíř (m) | [lɛ:taji:tsi: tali:rʃ] |

ruimtevaartuig (het)	kosmická loď (ž)	[kosmɪtska: loťɪ]
ruimtestation (het)	orbitální stanice (ž)	[orbɪta:lni: stanɪtsɛ]
start (de)	start (m)	[start]

motor (de)	motor (m)	[motor]
straalpijp (de)	tryska (ž)	[trɪska]
brandstof (de)	palivo (s)	[palɪvo]

cabine (de)	kabina (ž)	[kabɪna]
antenne (de)	anténa (ž)	[antɛ:na]
patrijspoort (de)	okénko (s)	[okɛ:ŋko]
zonnebatterij (de)	sluneční baterie (ž)	[slunɛtʃni: batɛrɪe]
ruimtepak (het)	skafandr (m)	[skafandr]

| gewichtloosheid (de) | beztížný stav (m) | [bɛzti:ʒni: staf] |
| zuurstof (de) | kyslík (m) | [kɪsli:k] |

| koppeling (de) | spojení (s) | [spojɛni:] |
| koppeling maken | spojovat se | [spojovat sɛ] |

observatorium (het)	observatoř (ž)	[opsɛrvatorʃ]
telescoop (de)	teleskop (m)	[tɛlɛskop]
waarnemen (ww)	pozorovat	[pozorovat]
exploreren (ww)	zkoumat	[skoumat]

123. De Aarde

Aarde (de)	Země (ž)	[zɛmnɛ]
aardbol (de)	zeměkoule (ž)	[zɛmnekoulɛ]
planeet (de)	planeta (ž)	[planɛta]

atmosfeer (de)	atmosféra (ž)	[atmosfɛ:ra]
aardrijkskunde (de)	zeměpis (m)	[zɛmnepɪs]
natuur (de)	příroda (ž)	[prʃi:roda]

wereldbol (de)	glóbus (m)	[glo:bus]
kaart (de)	mapa (ž)	[mapa]
atlas (de)	atlas (m)	[atlas]

| Europa (het) | Evropa (ž) | [ɛvropa] |
| Azië (het) | Asie (ž) | [azɪe] |

| Afrika (het) | Afrika (ž) | [afrɪka] |
| Australië (het) | Austrálie (ž) | [austra:lɪe] |

Amerika (het)	Amerika (ž)	[amɛrɪka]
Noord-Amerika (het)	Severní Amerika (ž)	[sɛvɛrni: amɛrɪka]
Zuid-Amerika (het)	Jižní Amerika (ž)	[jɪʒni: amɛrɪka]

| Antarctica (het) | Antarktida (ž) | [antarkti:da] |
| Arctis (de) | Arktida (ž) | [arktɪda] |

124. Windrichtingen

noorden (het)	sever (m)	[sɛvɛr]
naar het noorden	na sever	[na sɛvɛr]
in het noorden	na severu	[na sɛvɛru]
noordelijk (bn)	severní	[sɛvɛrni:]

zuiden (het)	jih (m)	[jɪx]
naar het zuiden	na jih	[na jɪx]
in het zuiden	na jihu	[na jɪhu]
zuidelijk (bn)	jižní	[jɪʒni:]

westen (het)	západ (m)	[za:pat]
naar het westen	na západ	[na za:pat]
in het westen	na západě	[na za:pade]
westelijk (bn)	západní	[za:padni:]

oosten (het)	východ (m)	[vi:xot]
naar het oosten	na východ	[na vi:xot]
in het oosten	na východě	[na vi:xode]
oostelijk (bn)	východní	[vi:xodni:]

125. Zee. Oceaan

zee (de)	moře (s)	[morʒɛ]
oceaan (de)	oceán (m)	[otsɛa:n]
golf (baai)	záliv (m)	[za:lɪf]
straat (de)	průliv (m)	[pru:lɪf]

continent (het)	pevnina (ž)	[pɛvnɪna]
eiland (het)	ostrov (m)	[ostrof]
schiereiland (het)	poloostrov (m)	[poloostrof]
archipel (de)	souostroví (s)	[souostrovi:]

baai, bocht (de)	zátoka (ž)	[za:toka]
haven (de)	přístav (m)	[prʃi:staf]
lagune (de)	laguna (ž)	[lagu:na]
kaap (de)	mys (m)	[mɪs]

atol (de)	atol (m)	[atol]
rif (het)	útes (m)	[u:tɛs]
koraal (het)	korál (m)	[kora:l]
koraalrif (het)	korálový útes (m)	[kora:lovi: u:tɛs]

diep (bn)	hluboký	[hluboki:]
diepte (de)	hloubka (ž)	[hloupka]
diepzee (de)	hlubina (ž)	[hlubɪna]
trog (bijv. Marianentrog)	prohlubeň (ž)	[prohlubɛnʲ]

stroming (de)	proud (m)	[prout]
omspoelen (ww)	omývat	[omi:vat]
oever (de)	břeh (m)	[brʒɛx]
kust (de)	pobřeží (s)	[pobrʒɛʒi:]

vloed (de)	příliv (m)	[prʃiːlɪf]
eb (de)	odliv (m)	[odlɪf]
ondiepte (ondiep water)	mělčina (ž)	[mnɛltʃɪna]
bodem (de)	dno (s)	[dno]

golf (hoge ~)	vlna (ž)	[vlna]
golfkam (de)	hřbet (m) vlny	[hrʒbɛt vlnɪ]
schuim (het)	pěna (ž)	[pena]

orkaan (de)	hurikán (m)	[hurɪkaːn]
tsunami (de)	tsunami (s)	[tsunamɪ]
windstilte (de)	bezvětří (s)	[bɛzvetrʃiː]
kalm (bijv. ~e zee)	klidný	[klɪdniː]

| pool (de) | pól (m) | [poːl] |
| polair (bn) | polární | [polaːrniː] |

breedtegraad (de)	šířka (ž)	[ʃiːrʃka]
lengtegraad (de)	délka (ž)	[dɛːlka]
parallel (de)	rovnoběžka (ž)	[rovnobeʃka]
evenaar (de)	rovník (m)	[rovniːk]

hemel (de)	obloha (ž)	[obloha]
horizon (de)	horizont (m)	[horɪzont]
lucht (de)	vzduch (m)	[vzdux]

vuurtoren (de)	maják (m)	[majaːk]
duiken (ww)	potápět se	[potaːpet sɛ]
zinken (ov. een boot)	potopit se	[potopɪt sɛ]
schatten (mv.)	bohatství (s)	[bohatstviː]

126. Namen van zeeën en oceanen

Atlantische Oceaan (de)	Atlantický oceán (m)	[atlantɪtski: otsɛaːn]
Indische Oceaan (de)	Indický oceán (m)	[ɪndɪtski: otsɛaːn]
Stille Oceaan (de)	Tichý oceán (m)	[tɪxiː otsɛaːn]
Noordelijke IJszee (de)	Severní ledový oceán (m)	[sɛvɛrniː lɛdoviː otsɛaːn]

Zwarte Zee (de)	Černé moře (s)	[tʃɛrnɛː morʒɛ]
Rode Zee (de)	Rudé moře (s)	[rudɛː morʒɛ]
Gele Zee (de)	Žluté moře (s)	[ʒlutɛː morʒɛ]
Witte Zee (de)	Bílé moře (s)	[biːlɛː morʒɛ]

Kaspische Zee (de)	Kaspické moře (s)	[kaspɪtskɛː morʒɛ]
Dode Zee (de)	Mrtvé moře (s)	[mrtvɛː morʒɛ]
Middellandse Zee (de)	Středozemní moře (s)	[strʃɛdozɛmniː morʒɛ]

| Egeïsche Zee (de) | Egejské moře (s) | [ɛgɛjskɛː morʒɛ] |
| Adriatische Zee (de) | Jaderské moře (s) | [jadɛrskɛː morʒɛ] |

Arabische Zee (de)	Arabské moře (s)	[arapskɛː morʒɛ]
Japanse Zee (de)	Japonské moře (s)	[japonskɛː morʒɛ]
Beringzee (de)	Beringovo moře (s)	[bɛrɪngovo morʒɛ]
Zuid-Chinese Zee (de)	Jihočínské moře (s)	[jɪhotʃiːnskɛː morʒɛ]

Koraalzee (de)	Korálové moře (s)	[koraːlovɛ: morʒɛ]
Tasmanzee (de)	Tasmanovo moře (s)	[tasmanovo morʒɛ]
Caribische Zee (de)	Karibské moře (s)	[karɪpskɛ: morʒɛ]
Barentszzee (de)	Barentsovo moře (s)	[barɛntsovo morʒɛ]
Karische Zee (de)	Karské moře (s)	[karskɛ: morʒɛ]
Noordzee (de)	Severní moře (s)	[sɛvɛrniː morʒɛ]
Baltische Zee (de)	Baltské moře (s)	[baltskɛ: morʒɛ]
Noorse Zee (de)	Norské moře (s)	[norskɛ: morʒɛ]

127. Bergen

berg (de)	hora (ž)	[hora]
bergketen (de)	horské pásmo (s)	[horskɛ: paːsmo]
gebergte (het)	horský hřbet (m)	[horski: hrʒbɛt]
bergtop (de)	vrchol (m)	[vrxol]
bergpiek (de)	štít (m)	[ʃtiːt]
voet (ov. de berg)	úpatí (s)	[uːpatiː]
helling (de)	svah (m)	[svax]
vulkaan (de)	sopka (ž)	[sopka]
actieve vulkaan (de)	činná sopka (ž)	[tʃɪnnaː sopka]
uitgedoofde vulkaan (de)	vyhaslá sopka (ž)	[vɪhaslaː sopka]
uitbarsting (de)	výbuch (m)	[viːbux]
kráter (de)	kráter (m)	[kraːtɛr]
magma (het)	magma (ž)	[magma]
lava (de)	láva (ž)	[laːva]
gloeiend (~e lava)	rozžhavený	[rozʒhavɛniː]
kloof (canyon)	kaňon (m)	[kanʲon]
bergkloof (de)	soutěska (ž)	[souteska]
spleet (de)	rozsedlina (ž)	[rozsɛdlɪna]
bergpas (de)	průsmyk (m)	[pruːsmɪk]
plateau (het)	plató (s)	[platoː]
klip (de)	skála (ž)	[skaːla]
heuvel (de)	kopec (m)	[kopɛts]
gletsjer (de)	ledovec (m)	[lɛdovɛts]
waterval (de)	vodopád (m)	[vodopaːt]
geiser (de)	vřídlo (s)	[vrʒiːdlo]
meer (het)	jezero (s)	[jɛzɛro]
vlakte (de)	rovina (ž)	[rovɪna]
landschap (het)	krajina (ž)	[krajɪna]
echo (de)	ozvěna (ž)	[ozvena]
alpinist (de)	horolezec (m)	[horolɛzɛts]
bergbeklimmer (de)	horolezec (m)	[horolɛzɛts]
trotseren (berg ~)	dobývat	[dobiːvat]
beklimming (de)	výstup (m)	[viːstup]

128. Bergen namen

Alpen (de)	**Alpy** (mn)	[alpɪ]
Mont Blanc (de)	**Mont Blanc** (m)	[monblaŋ]
Pyreneeën (de)	**Pyreneje** (mn)	[pɪrɛnɛjɛ]
Karpaten (de)	**Karpaty** (mn)	[karpatɪ]
Oeralgebergte (het)	**Ural** (m)	[ural]
Kaukasus (de)	**Kavkaz** (m)	[kafkaz]
Elbroes (de)	**Elbrus** (m)	[ɛlbrus]
Altaj (de)	**Altaj** (m)	[altaj]
Tiensjan (de)	**Ťan-šan** (ž)	[tʰan-ʃan]
Pamir (de)	**Pamír** (m)	[pamiːr]
Himalaya (de)	**Himaláje** (mn)	[hɪmalaːjɛ]
Everest (de)	**Mount Everest** (m)	[mount ɛvɛrɛst]
Andes (de)	**Andy** (mn)	[andɪ]
Kilimanjaro (de)	**Kilimandžáro** (s)	[kɪlɪmandʒaːro]

129. Rivieren

rivier (de)	**řeka** (ž)	[rʒɛka]
bron (~ van een rivier)	**pramen** (m)	[pramɛn]
rivierbedding (de)	**koryto** (s)	[korɪto]
rivierbekken (het)	**povodí** (s)	[povodiː]
uitmonden in …	**vlévat se**	[vlɛːvat sɛ]
zijrivier (de)	**přítok** (m)	[prʃiːtok]
oever (de)	**břeh** (m)	[brʒɛx]
stroming (de)	**proud** (m)	[prout]
stroomafwaarts (bw)	**po proudu**	[po proudu]
stroomopwaarts (bw)	**proti proudu**	[protɪ proudu]
overstroming (de)	**povodeň** (ž)	[povodɛnʲ]
overstroming (de)	**záplava** (ž)	[zaːplava]
buiten zijn oevers treden	**rozlévat se**	[rozlɛːvat sɛ]
overstromen (ww)	**zaplavovat**	[zaplavovat]
zandbank (de)	**mělčina** (ž)	[mnɛltʃɪna]
stroomversnelling (de)	**peřej** (ž)	[pɛrʒɛj]
dam (de)	**přehrada** (ž)	[prʃɛhrada]
kanaal (het)	**průplav** (m)	[pruːplaf]
spaarbekken (het)	**vodní nádrž** (ž)	[vodniː naːdrʃ]
sluis (de)	**zdymadlo** (s)	[zdɪmadlo]
waterlichaam (het)	**vodojem** (m)	[vodojɛm]
moeras (het)	**bažina** (ž)	[baʒɪna]
broek (het)	**slať** (ž)	[slatʲ]
draaikolk (de)	**vír** (m)	[viːr]
stroom (de)	**potok** (m)	[potok]

drink- (abn)	pitný	[pɪtni:]
zoet (~ water)	sladký	[slatki:]
ijs (het)	led (m)	[lɛt]
bevriezen (rivier, enz.)	zamrznout	[zamrznout]

130. Namen van rivieren

Seine (de)	Seina (ž)	[se:na]
Loire (de)	Loira (ž)	[loa:ra]
Theems (de)	Temže (ž)	[tɛmʒe]
Rijn (de)	Rýn (m)	[ri:n]
Donau (de)	Dunaj (m)	[dunaj]
Wolga (de)	Volha (ž)	[volha]
Don (de)	Don (m)	[don]
Lena (de)	Lena (ž)	[lɛna]
Gele Rivier (de)	Chuang-chež (ž)	[xuan-xɛ]
Blauwe Rivier (de)	Jang-c'-ťiang (ž)	[jang-tsɛ-tʲang]
Mekong (de)	Mekong (m)	[mɛkong]
Ganges (de)	Ganga (ž)	[ganga]
Nijl (de)	Nil (m)	[nɪl]
Kongo (de)	Kongo (s)	[kongo]
Okavango (de)	Okavango (s)	[okavango]
Zambezi (de)	Zambezi (ž)	[zambɛzɪ]
Limpopo (de)	Limpopo (s)	[lɪmpopo]
Mississippi (de)	Mississippi (ž)	[mɪsɪsɪpɪ]

131. Bos

bos (het)	les (m)	[lɛs]
bos- (abn)	lesní	[lɛsni:]
oerwoud (dicht bos)	houština (ž)	[houʃtɪna]
bosje (klein bos)	háj (m)	[ha:j]
open plek (de)	mýtina (ž)	[mi:tɪna]
struikgewas (het)	houští (s)	[houʃti:]
struiken (mv.)	křoví (s)	[krʃovi:]
paadje (het)	stezka (ž)	[stɛska]
ravijn (het)	rokle (ž)	[roklɛ]
boom (de)	strom (m)	[strom]
blad (het)	list (m)	[lɪst]
gebladerte (het)	listí (s)	[lɪsti:]
vallende bladeren (mv.)	padání (s) listí	[pada:ni: lɪsti:]
vallen (ov. de bladeren)	opadávat	[opada:vat]

boomtop (de)	vrchol (m)	[vrxol]
tak (de)	větev (ž)	[vetɛf]
ent (de)	suk (m)	[suk]
knop (de)	pupen (m)	[pupɛn]
naald (de)	jehla (ž)	[jɛhla]
dennenappel (de)	šiška (ž)	[ʃɪʃka]
boom holte (de)	dutina (ž)	[dutɪna]
nest (het)	hnízdo (s)	[hni:zdo]
hol (het)	doupě (s)	[doupe]
stam (de)	kmen (m)	[kmɛn]
wortel (bijv. boom~s)	kořen (m)	[korʒɛn]
schors (de)	kůra (ž)	[ku:ra]
mos (het)	mech (m)	[mɛx]
ontwortelen (een boom)	klučit	[klutʃɪt]
kappen (een boom ~)	kácet	[ka:tsɛt]
ontbossen (ww)	odlesnit	[odlesnɪt]
stronk (de)	pařez (m)	[parʒɛz]
kampvuur (het)	oheň (m)	[ohɛnʲ]
bosbrand (de)	požár (m)	[poʒa:r]
blussen (ww)	hasit	[hasɪt]
boswachter (de)	hajný (m)	[hajni:]
bescherming (de)	ochrana (ž)	[oxrana]
beschermen	chránit	[xra:nɪt]
(bijv. de natuur ~)		
stroper (de)	pytlák (m)	[pɪtla:k]
val (de)	past (ž)	[past]
plukken (vruchten, enz.)	sbírat	[zbi:rat]
verdwalen (de weg kwijt zijn)	zabloudit	[zabloudɪt]

132. Natuurlijke hulpbronnen

natuurlijke rijkdommen (mv.)	přírodní zdroje (m mn)	[prʃi:rodni: zdrojɛ]
delfstoffen (mv.)	užitkové nerosty (m mn)	[uʒɪtkovɛ: nɛrostɪ]
lagen (mv.)	ložisko (s)	[loʒɪsko]
veld (bijv. olie~)	naleziště (s)	[nalezɪʃte]
winnen (uit erts ~)	dobývat	[dobi:vat]
winning (de)	těžba (ž)	[teʒba]
erts (het)	ruda (ž)	[ruda]
mijn (bijv. kolenmijn)	důl (m)	[du:l]
mijnschacht (de)	šachta (ž)	[ʃaxta]
mijnwerker (de)	horník (m)	[horni:k]
gas (het)	plyn (m)	[plɪn]
gasleiding (de)	plynovod (m)	[plɪnovot]
olie (aardolie)	ropa (ž)	[ropa]
olieleiding (de)	ropovod (m)	[ropovot]

oliebron (de)	**ropová věž** (ž)	[ropova: vеʃ]
boortoren (de)	**vrtná věž** (ž)	[vrtna: veʃ]
tanker (de)	**tanková loď** (ž)	[taŋkova: loti̯]

zand (het)	**písek** (m)	[piːsɛk]
kalksteen (de)	**vápenec** (m)	[vaːpɛnɛʦ]
grind (het)	**štěrk** (m)	[ʃterk]
veen (het)	**rašelina** (ž)	[raʃɛlɪna]
klei (de)	**hlína** (ž)	[hliːna]
steenkool (de)	**uhlí** (s)	[uhliː]

ijzer (het)	**železo** (s)	[ʒelɛzo]
goud (het)	**zlato** (s)	[zlato]
zilver (het)	**stříbro** (s)	[strʃiːbro]
nikkel (het)	**nikl** (m)	[nɪkl]
koper (het)	**měď** (ž)	[mneti̯]

zink (het)	**zinek** (m)	[zɪnɛk]
mangaan (het)	**mangan** (m)	[mangan]
kwik (het)	**rtuť** (ž)	[rtuti̯]
lood (het)	**olovo** (s)	[olovo]

mineraal (het)	**minerál** (m)	[mɪnɛraːl]
kristal (het)	**krystal** (m)	[krɪstal]
marmer (het)	**mramor** (m)	[mramor]
uraan (het)	**uran** (m)	[uran]

De Aarde. Deel 2

133. Weer

Nederlands	Tsjechisch	Uitspraak
weer (het)	počasí (s)	[potʃasiː]
weersvoorspelling (de)	předpověď (ž) počasí	[pr̝ɛtpovetʲ potʃasiː]
temperatuur (de)	teplota (ž)	[tɛplota]
thermometer (de)	teploměr (m)	[tɛplomnɛr]
barometer (de)	barometr (m)	[baromɛtr]
vochtigheid (de)	vlhkost (ž)	[vlxkost]
hitte (de)	horko (s)	[horko]
heet (bn)	horký	[horkiː]
het is heet	horko	[horko]
het is warm	teplo	[tɛplo]
warm (bn)	teplý	[tɛpliː]
het is koud	je zima	[jɛ zɪma]
koud (bn)	studený	[studɛniː]
zon (de)	slunce (s)	[sluntsɛ]
schijnen (de zon)	svítit	[sviːtɪt]
zonnig (~e dag)	slunečný	[slunɛtʃniː]
opgaan (ov. de zon)	vzejít	[vzɛjiːt]
ondergaan (ww)	zapadnout	[zapadnout]
wolk (de)	mrak (m)	[mrak]
bewolkt (bn)	oblačný	[oblatʃniː]
regenwolk (de)	mračno (s)	[mratʃno]
somber (bn)	pochmurný	[poxmurniː]
regen (de)	déšť (m)	[dɛːʃtʲ]
het regent	prší	[prʃiː]
regenachtig (bn)	deštivý	[dɛʃtɪviː]
motregenen (ww)	mrholit	[mrholɪt]
plensbui (de)	liják (m)	[lɪjaːk]
stortbui (de)	liják (m)	[lɪjaːk]
hard (bn)	silný	[sɪlniː]
plas (de)	kaluž (ž)	[kaluʃ]
nat worden (ww)	moknout	[moknout]
mist (de)	mlha (ž)	[mlha]
mistig (bn)	mlhavý	[mlhaviː]
sneeuw (de)	sníh (m)	[sniːx]
het sneeuwt	sněží	[sneʒiː]

134. Zwaar weer. Natuurrampen

noodweer (storm)	bouřka (ž)	[bourʃka]
bliksem (de)	blesk (m)	[blɛsk]
flitsen (ww)	blýskat se	[bli:skat sɛ]

donder (de)	hřmění (s)	[hrʒmneni:]
donderen (ww)	hřmít	[hrʒmi:t]
het dondert	hřmí	[hrʒmi:]

hagel (de)	kroupy (ž mn)	[kroupɪ]
het hagelt	padají kroupy	[padaji: kroupɪ]

overstromen (ww)	zaplavit	[zaplavɪt]
overstroming (de)	povodeň (ž)	[povodɛnʲ]

aardbeving (de)	zemětřesení (s)	[zɛmnetrʃɛsɛni:]
aardschok (de)	otřes (m)	[otrʃɛs]
epicentrum (het)	epicentrum (s)	[ɛpɪtsɛntrum]

uitbarsting (de)	výbuch (m)	[vi:bux]
lava (de)	láva (ž)	[la:va]

wervelwind (de)	smršť (ž)	[smrʃtʲ]
windhoos (de)	tornádo (s)	[torna:do]
tyfoon (de)	tajfun (m)	[tajfun]

orkaan (de)	hurikán (m)	[hurɪka:n]
storm (de)	bouřka (ž)	[bourʃka]
tsunami (de)	tsunami (s)	[tsunamɪ]

cycloon (de)	cyklón (m)	[tsiklo:n]
onweer (het)	nečas (m)	[nɛtʃas]
brand (de)	požár (m)	[poʒa:r]
ramp (de)	katastrofa (ž)	[katastrofa]
meteoriet (de)	meteorit (m)	[mɛtɛorɪt]

lawine (de)	lavina (ž)	[lavɪna]
sneeuwverschuiving (de)	lavina (ž)	[lavɪna]
sneeuwjacht (de)	metelice (ž)	[mɛtɛlɪtsɛ]
sneeuwstorm (de)	vánice (ž)	[va:nɪtsɛ]

Fauna

135. Zoogdieren. Roofdieren

roofdier (het)	šelma (ž)	[ʃɛlma]
tijger (de)	tygr (m)	[tɪgr]
leeuw (de)	lev (m)	[lɛf]
wolf (de)	vlk (m)	[vlk]
vos (de)	liška (ž)	[lɪʃka]
jaguar (de)	jaguár (m)	[jagua:r]
luipaard (de)	levhart (m)	[lɛvhart]
jachtluipaard (de)	gepard (m)	[gɛpart]
panter (de)	panter (m)	[pantɛr]
poema (de)	puma (ž)	[puma]
sneeuwluipaard (de)	pardál (m)	[parda:l]
lynx (de)	rys (m)	[rɪs]
coyote (de)	kojot (m)	[kojot]
jakhals (de)	šakal (m)	[ʃakal]
hyena (de)	hyena (ž)	[hɪena]

136. Wilde dieren

dier (het)	zvíře (s)	[zvi:rʒɛ]
beest (het)	zvíře (s)	[zvi:rʒɛ]
eekhoorn (de)	veverka (ž)	[vɛvɛrka]
egel (de)	ježek (m)	[jɛʒek]
haas (de)	zajíc (m)	[zaji:ts]
konijn (het)	králík (m)	[kra:li:k]
das (de)	jezevec (m)	[jɛzɛvɛts]
wasbeer (de)	mýval (m)	[mi:val]
hamster (de)	křeček (m)	[krʃetʃɛk]
marmot (de)	svišť (m)	[svɪʃtʲ]
mol (de)	krtek (m)	[krtɛk]
muis (de)	myš (ž)	[mɪʃ]
rat (de)	krysa (ž)	[krɪsa]
vleermuis (de)	netopýr (m)	[nɛtopi:r]
hermelijn (de)	hranostaj (m)	[hranostaj]
sabeldier (het)	sobol (m)	[sobol]
marter (de)	kuna (ž)	[kuna]
wezel (de)	lasice (ž)	[lasɪtsɛ]
nerts (de)	norek (m)	[norɛk]

bever (de)	bobr (m)	[bobr]
otter (de)	vydra (ž)	[vɪdra]

paard (het)	kůň (m)	[kuːnʲ]
eland (de)	los (m)	[los]
hert (het)	jelen (m)	[jɛlɛn]
kameel (de)	velbloud (m)	[vɛlblout]

bizon (de)	bizon (m)	[bɪzon]
wisent (de)	zubr (m)	[zubr]
buffel (de)	buvol (m)	[buvol]

zebra (de)	zebra (ž)	[zɛbra]
antilope (de)	antilopa (ž)	[antɪlopa]
ree (de)	srnka (ž)	[srŋka]
damhert (het)	daněk (m)	[danek]
gems (de)	kamzík (m)	[kamziːk]
everzwijn (het)	vepř (m)	[vɛprʃ]

walvis (de)	velryba (ž)	[vɛlrɪba]
rob (de)	tuleň (m)	[tulɛnʲ]
walrus (de)	mrož (m)	[mroʃ]
zeebeer (de)	lachtan (m)	[laxtan]
dolfijn (de)	delfín (m)	[dɛlfiːn]

beer (de)	medvěd (m)	[mɛdvet]
ijsbeer (de)	bílý medvěd (m)	[biːliː mɛdvet]
panda (de)	panda (ž)	[panda]

aap (de)	opice (ž)	[opɪtsɛ]
chimpansee (de)	šimpanz (m)	[ʃɪmpanz]
orang-oetan (de)	orangutan (m)	[orangutan]
gorilla (de)	gorila (ž)	[gorɪla]
makaak (de)	makak (m)	[makak]
gibbon (de)	gibon (m)	[gɪbon]

olifant (de)	slon (m)	[slon]
neushoorn (de)	nosorožec (m)	[nosoroʒets]
giraffe (de)	žirafa (ž)	[ʒɪrafa]
nijlpaard (het)	hroch (m)	[hrox]

kangoeroe (de)	klokan (m)	[klokan]
koala (de)	koala (ž)	[koala]

mangoest (de)	promyka (ž) indická	[promɪka ɪndɪtskaː]
chinchilla (de)	činčila (ž)	[tʃɪntʃɪla]
stinkdier (het)	skunk (m)	[skuŋk]
stekelvarken (het)	dikobraz (m)	[dɪkobras]

137. Huisdieren

poes (de)	kočka (ž)	[kotʃka]
kater (de)	kocour (m)	[kotsour]
hond (de)	pes (m)	[pɛs]

paard (het)	kůň (m)	[kuːnʲ]
hengst (de)	hřebec (m)	[hrʒɛbɛts]
merrie (de)	kobyla (ž)	[kobɪla]
koe (de)	kráva (ž)	[kraːva]
bul, stier (de)	býk (m)	[biːk]
os (de)	vůl (m)	[vuːl]
schaap (het)	ovce (ž)	[ovʦɛ]
ram (de)	beran (m)	[bɛran]
geit (de)	koza (ž)	[koza]
bok (de)	kozel (m)	[kozɛl]
ezel (de)	osel (m)	[osɛl]
muilezel (de)	mul (m)	[mul]
varken (het)	prase (s)	[prasɛ]
biggetje (het)	prasátko (s)	[prasaːtko]
konijn (het)	králík (m)	[kraːliːk]
kip (de)	slepice (ž)	[slɛpɪʦɛ]
haan (de)	kohout (m)	[kohout]
eend (de)	kachna (ž)	[kaxna]
woerd (de)	kačer (m)	[katʃɛr]
gans (de)	husa (ž)	[husa]
kalkoen haan (de)	krocan (m)	[krotsan]
kalkoen (de)	krůta (ž)	[kruːta]
huisdieren (mv.)	domácí zvířata (s mn)	[domaːtsiː zviːrʒata]
tam (bijv. hamster)	ochočený	[oxotʃɛniː]
temmen (tam maken)	ochočovat	[oxotʃovat]
fokken (bijv. paarden ~)	chovat	[xovat]
boerderij (de)	farma (ž)	[farma]
gevogelte (het)	drůbež (ž)	[druːbɛʃ]
rundvee (het)	dobytek (m)	[dobɪtɛk]
kudde (de)	stádo (s)	[staːdo]
paardenstal (de)	stáj (ž)	[staːj]
zwijnenstal (de)	vepřín (m)	[vɛprʃiːn]
koeienstal (de)	kravín (m)	[kraviːn]
konijnenhok (het)	králíkárna (ž)	[kraːliːkaːrna]
kippenhok (het)	kurník (m)	[kurniːk]

138. Vogels

vogel (de)	pták (m)	[ptaːk]
duif (de)	holub (m)	[holup]
mus (de)	vrabec (m)	[vrabɛts]
koolmees (de)	sýkora (ž)	[siːkora]
ekster (de)	straka (ž)	[straka]
raaf (de)	havran (m)	[havran]

kraai (de)	vrána (ž)	[vraːna]
kauw (de)	kavka (ž)	[kafka]
roek (de)	polní havran (m)	[polniː havran]

eend (de)	kachna (ž)	[kaxna]
gans (de)	husa (ž)	[husa]
fazant (de)	bažant (m)	[baʒant]

arend (de)	orel (m)	[orɛl]
havik (de)	jestřáb (m)	[jɛstrʃaːp]
valk (de)	sokol (m)	[sokol]
gier (de)	sup (m)	[sup]
condor (de)	kondor (m)	[kondor]

zwaan (de)	labuť (ž)	[labutʲ]
kraanvogel (de)	jeřáb (m)	[jɛrʒaːp]
ooievaar (de)	čáp (m)	[tʃaːp]

papegaai (de)	papoušek (m)	[papouʃɛk]
kolibrie (de)	kolibřík (m)	[kolɪbrʒiːk]
pauw (de)	páv (m)	[paːf]

struisvogel (de)	pštros (m)	[pʃtros]
reiger (de)	volavka (ž)	[volafka]
flamingo (de)	plameňák (m)	[plamɛnʲaːk]
pelikaan (de)	pelikán (m)	[pɛlɪkaːn]

| nachtegaal (de) | slavík (m) | [slaviːk] |
| zwaluw (de) | vlaštovka (ž) | [vlaʃtofka] |

lijster (de)	drozd (m)	[drozt]
zanglijster (de)	zpěvný drozd (m)	[spevniː drozt]
merel (de)	kos (m)	[kos]

gierzwaluw (de)	rorejs (m)	[rorɛjs]
leeuwerik (de)	skřivan (m)	[skrʃɪvan]
kwartel (de)	křepel (m)	[krʃɛpɛl]

specht (de)	datel (m)	[datɛl]
koekoek (de)	kukačka (ž)	[kukatʃka]
uil (de)	sova (ž)	[sova]
oehoe (de)	výr (m)	[viːr]
auerhoen (het)	tetřev (m) hlušec	[tɛtrʃɛv hluʃɛts]
korhoen (het)	tetřev (m)	[tɛtrʃɛf]
patrijs (de)	koroptev (ž)	[koroptɛf]

spreeuw (de)	špaček (m)	[ʃpatʃɛk]
kanarie (de)	kanár (m)	[kanaːr]
hazelhoen (het)	jeřábek (m)	[jɛrʒaːbɛk]

| vink (de) | pěnkava (ž) | [peŋkava] |
| goudvink (de) | hejl (m) | [hɛjl] |

meeuw (de)	racek (m)	[ratsɛk]
albatros (de)	albatros (m)	[albatros]
pinguïn (de)	tučňák (m)	[tutʃnʲaːk]

139. Vis. Zeedieren

brasem (de)	cejn (m)	[tsɛjn]
karper (de)	kapr (m)	[kapr]
baars (de)	okoun (m)	[okoun]
meerval (de)	sumec (m)	[sumɛts]
snoek (de)	štika (ž)	[ʃtɪka]
zalm (de)	losos (m)	[losos]
steur (de)	jeseter (m)	[jɛsɛtɛr]
haring (de)	sleď (ž)	[slɛtʲ]
atlantische zalm (de)	losos (m)	[losos]
makreel (de)	makrela (ž)	[makrɛla]
platvis (de)	platýs (m)	[plati:s]
snoekbaars (de)	candát (m)	[tsanda:t]
kabeljauw (de)	treska (ž)	[trɛska]
tonijn (de)	tuňák (m)	[tunʲa:k]
forel (de)	pstruh (m)	[pstrux]
paling (de)	úhoř (m)	[u:horʃ]
sidderrog (de)	rejnok (m) elektrický	[rɛjnok ɛlɛktrɪtski:]
murene (de)	muréna (ž)	[murɛ:na]
piranha (de)	piraňa (ž)	[pɪranʲja]
haai (de)	žralok (m)	[ʒralok]
dolfijn (de)	delfín (m)	[dɛlfi:n]
walvis (de)	velryba (ž)	[vɛlrɪba]
krab (de)	krab (m)	[krap]
kwal (de)	medúza (ž)	[mɛdu:za]
octopus (de)	chobotnice (ž)	[xobotnɪtsɛ]
zeester (de)	hvězdice (ž)	[hvezdɪtsɛ]
zee-egel (de)	ježovka (ž)	[jɛʒofka]
zeepaardje (het)	mořský koníček (m)	[morʃski: koni:tʃɛk]
oester (de)	ústřice (ž)	[u:strʃɪtsɛ]
garnaal (de)	kreveta (ž)	[krɛvɛta]
kreeft (de)	humr (m)	[humr]
langoest (de)	langusta (ž)	[langusta]

140. Amfibieën. Reptielen

slang (de)	had (m)	[hat]
giftig (slang)	jedovatý	[jɛdovati:]
adder (de)	zmije (ž)	[zmɪjɛ]
cobra (de)	kobra (ž)	[kobra]
python (de)	krajta (ž)	[krajta]
boa (de)	hroznýš (m)	[hrozni:ʃ]
ringslang (de)	užovka (ž)	[uʒofka]

| ratelslang (de) | chřestýš (m) | [xrʃɛstiːʃ] |
| anaconda (de) | anakonda (ž) | [anakonda] |

hagedis (de)	ještěrka (ž)	[jɛʃterka]
leguaan (de)	leguán (m)	[lɛguaːn]
varaan (de)	varan (m)	[varan]
salamander (de)	mlok (m)	[mlok]
kameleon (de)	chameleón (m)	[xamɛlɛoːn]
schorpioen (de)	štír (m)	[ʃtiːr]

schildpad (de)	želva (ž)	[ʒelva]
kikker (de)	žába (ž)	[ʒaːba]
pad (de)	ropucha (ž)	[ropuxa]
krokodil (de)	krokodýl (m)	[krokodiːl]

141. Insecten

insect (het)	hmyz (m)	[hmɪz]
vlinder (de)	motýl (m)	[motiːl]
mier (de)	mravenec (m)	[mravɛnɛts]
vlieg (de)	moucha (ž)	[mouxa]
mug (de)	komár (m)	[komaːr]
kever (de)	brouk (m)	[brouk]

wesp (de)	vosa (ž)	[vosa]
bij (de)	včela (ž)	[vtʃɛla]
hommel (de)	čmelák (m)	[tʃmɛlaːk]
horzel (de)	střeček (m)	[strʃɛtʃɛk]

| spin (de) | pavouk (m) | [pavouk] |
| spinnenweb (het) | pavučina (ž) | [pavutʃɪna] |

libel (de)	vážka (ž)	[vaːʃka]
sprinkhaan (de)	kobylka (ž)	[kobɪlka]
nachtvlinder (de)	motýl (m)	[motiːl]

kakkerlak (de)	šváb (m)	[ʃvaːp]
teek (de)	klíště (s)	[kliːʃte]
vlo (de)	blecha (ž)	[blɛxa]
kriebelmug (de)	muška (ž)	[muʃka]

treksprinkhaan (de)	saranče (ž)	[sarantʃɛ]
slak (de)	hlemýžď (m)	[hlɛmiːʒtʲ]
krekel (de)	cvrček (m)	[tsvrtʃɛk]
glimworm (de)	svatojánská muška (ž)	[svatojaːnska: muʃka]
lieveheersbeestje (het)	sluněčko (s) sedmitečné	[slunɛːtʃko sɛdmɪtɛtʃnɛː]
meikever (de)	chroust (m)	[xroust]

bloedzuiger (de)	piavice (ž)	[pɪavɪtsɛ]
rups (de)	housenka (ž)	[housɛŋka]
aardworm (de)	červ (m)	[tʃɛrʃ]
larve (de)	larva (ž)	[larva]

Flora

142. Bomen

boom (de)	strom (m)	[strom]
loof- (abn)	listnatý	[lɪstnatiː]
dennen- (abn)	jehličnatý	[jɛɦlɪtʃnatiː]
groenblijvend (bn)	stálezelená	[staːlɛzɛlɛnaː]
appelboom (de)	jabloň (ž)	[jablonʲ]
perenboom (de)	hruška (ž)	[hruʃka]
zoete kers (de)	třešně (ž)	[trʃɛʃne]
zure kers (de)	višně (ž)	[vɪʃne]
pruimelaar (de)	švestka (ž)	[ʃvɛstka]
berk (de)	bříza (ž)	[brʒiːza]
eik (de)	dub (m)	[dup]
linde (de)	lípa (ž)	[liːpa]
esp (de)	osika (ž)	[osɪka]
esdoorn (de)	javor (m)	[javor]
spar (de)	smrk (m)	[smrk]
den (de)	borovice (ž)	[borovɪtsɛ]
lariks (de)	modřín (m)	[modrʒiːn]
zilverspar (de)	jedle (ž)	[jɛdlɛ]
ceder (de)	cedr (m)	[tsɛdr]
populier (de)	topol (m)	[topol]
lijsterbes (de)	jeřáb (m)	[jɛrʒaːp]
wilg (de)	jíva (ž)	[jiːva]
els (de)	olše (ž)	[olʃɛ]
beuk (de)	buk (m)	[buk]
iep (de)	jilm (m)	[jɪlm]
es (de)	jasan (m)	[jasan]
kastanje (de)	kaštan (m)	[kaʃtan]
magnolia (de)	magnólie (ž)	[magnoːlɪe]
palm (de)	palma (ž)	[palma]
cipres (de)	cypřiš (m)	[tsɪprʃɪʃ]
mangrove (de)	mangróvie (ž)	[mangroːvɪe]
baobab (apenbroodboom)	baobab (m)	[baobap]
eucalyptus (de)	eukalypt (m)	[ɛukalɪpt]
mammoetboom (de)	sekvoje (ž)	[sɛkvojɛ]

143. Heesters

struik (de)	keř (m)	[kɛrʃ]
heester (de)	křoví (s)	[krʃoviː]

wijnstok (de)	vinná réva (s)	[vɪnna: re:va]
wijngaard (de)	vinice (ž)	[vɪnɪtsɛ]
frambozenstruik (de)	maliny (ž mn)	[malɪnɪ]
rode bessenstruik (de)	červený rybíz (m)	[tʃɛrvɛni: rɪbi:z]
kruisbessenstruik (de)	angrešt (m)	[angrɛʃt]
acacia (de)	akácie (ž)	[aka:tsɪe]
zuurbes (de)	dřišťál (m)	[drʒɪʃťa:l]
jasmijn (de)	jasmín (m)	[jasmi:n]
jeneverbes (de)	jalovec (m)	[jalovɛts]
rozenstruik (de)	růžový keř (m)	[ru:ʒovi: kɛrʃ]
hondsroos (de)	šípek (m)	[ʃi:pɛk]

144. Vruchten. Bessen

appel (de)	jablko (s)	[jablko]
peer (de)	hruška (ž)	[hruʃka]
pruim (de)	švestka (ž)	[ʃvɛstka]
aardbei (de)	zahradní jahody (ž mn)	[zahradni: jahodɪ]
zure kers (de)	višně (ž)	[vɪʃne]
zoete kers (de)	třešně (ž mn)	[trʃɛʃne]
druif (de)	hroznové víno (s)	[hroznovɛ: vi:no]
framboos (de)	maliny (ž mn)	[malɪnɪ]
zwarte bes (de)	černý rybíz (m)	[tʃɛrni: rɪbi:z]
rode bes (de)	červený rybíz (m)	[tʃɛrvɛni: rɪbi:z]
kruisbes (de)	angrešt (m)	[angrɛʃt]
veenbes (de)	klikva (ž)	[klɪkva]
sinaasappel (de)	pomeranč (m)	[pomɛrantʃ]
mandarijn (de)	mandarinka (ž)	[mandarɪŋka]
ananas (de)	ananas (m)	[ananas]
banaan (de)	banán (m)	[bana:n]
dadel (de)	datle (ž)	[datlɛ]
citroen (de)	citrón (m)	[tsɪtro:n]
abrikoos (de)	meruňka (ž)	[mɛruniˈka]
perzik (de)	broskev (ž)	[broskɛʃ]
kiwi (de)	kiwi (s)	[kɪvɪ]
grapefruit (de)	grapefruit (m)	[grɛjpfru:t]
bes (de)	bobule (ž)	[bobulɛ]
bessen (mv.)	bobule (ž mn)	[bobulɛ]
vossenbes (de)	brusinky (ž mn)	[brusɪŋkɪ]
bosaardbei (de)	jahody (ž mn)	[jahodɪ]
blauwe bosbes (de)	borůvky (ž mn)	[boru:fkɪ]

145. Bloemen. Planten

bloem (de)	květina (ž)	[kvetɪna]
boeket (het)	kytice (ž)	[kɪtɪtsɛ]

roos (de)	růže (ž)	[ruːʒe]
tulp (de)	tulipán (m)	[tulɪpaːn]
anjer (de)	karafiát (m)	[karafɪaːt]
gladiool (de)	mečík (m)	[mɛtʃiːk]
korenbloem (de)	chrpa (ž)	[xrpa]
klokje (het)	zvoneček (m)	[zvonɛtʃɛk]
paardenbloem (de)	pampeliška (ž)	[pampɛlɪʃka]
kamille (de)	heřmánek (m)	[hɛrʒmaːnɛk]
aloë (de)	aloe (s)	[aloɛ]
cactus (de)	kaktus (m)	[kaktus]
ficus (de)	fíkus (m)	[fiːkus]
lelie (de)	lilie (ž)	[lɪlɪe]
geranium (de)	geránie (ž)	[geraːnɪe]
hyacint (de)	hyacint (m)	[hɪatsɪnt]
mimosa (de)	citlivka (ž)	[tsɪtlɪfka]
narcis (de)	narcis (m)	[nartsɪs]
Oost-Indische kers (de)	potočnice (ž)	[pototʃnɪtsɛ]
orchidee (de)	orchidej (ž)	[orxɪdɛj]
pioenroos (de)	pivoňka (ž)	[pɪvonʲka]
viooltje (het)	fialka (ž)	[fɪalka]
driekleurig viooltje (het)	maceška (ž)	[matsɛʃka]
vergeet-mij-nietje (het)	pomněnka (ž)	[pomneŋka]
madeliefje (het)	sedmikráska (ž)	[sɛdmɪkraːska]
papaver (de)	mák (m)	[maːk]
hennep (de)	konopě (ž)	[konope]
munt (de)	máta (ž)	[maːta]
lelietje-van-dalen (het)	konvalinka (ž)	[konvalɪŋka]
sneeuwklokje (het)	sněženka (ž)	[sneʒeŋka]
brandnetel (de)	kopřiva (ž)	[koprʃɪva]
veldzuring (de)	šťovík (m)	[ʃtʲoviːk]
waterlelie (de)	leknín (m)	[lɛkniːn]
varen (de)	kapradí (s)	[kapradiː]
korstmos (het)	lišejník (m)	[lɪʃɛjniːk]
oranjerie (de)	oranžérie (ž)	[oranʒeːrɪe]
gazon (het)	trávník (m)	[traːvniːk]
bloemperk (het)	květinový záhonek (m)	[kvetɪnoviː zaːhonɛk]
plant (de)	rostlina (ž)	[rostlɪna]
gras (het)	tráva (ž)	[traːva]
grasspriet (de)	stéblo (s) trávy	[stɛːblo traːvɪ]
blad (het)	list (m)	[lɪst]
bloemblad (het)	okvětní lístek (m)	[okvetni liːstɛk]
stengel (de)	stéblo (s)	[stɛːblo]
knol (de)	hlíza (ž)	[hliːza]
scheut (de)	výhonek (m)	[viːhonɛk]

doorn (de)	osten (m)	[ostɛn]
bloeien (ww)	kvést	[kvɛ:st]
verwelken (ww)	vadnout	[vadnout]
geur (de)	vůně (ž)	[vu:ne]
snijden (bijv. bloemen ~)	uříznout	[urʒi:znout]
plukken (bloemen ~)	utrhnout	[utrhnout]

146. Granen, graankorrels

graan (het)	obilí (s)	[obɪli:]
graangewassen (mv.)	obilniny (ž mn)	[obɪlnɪnɪ]
aar (de)	klas (m)	[klas]

tarwe (de)	pšenice (ž)	[pʃɛnɪtsɛ]
rogge (de)	žito (s)	[ʒɪto]
haver (de)	oves (m)	[ovɛs]
gierst (de)	jáhly (ž mn)	[ja:hlɪ]
gerst (de)	ječmen (m)	[jɛtʃmɛn]

maïs (de)	kukuřice (ž)	[kukurʒɪtsɛ]
rijst (de)	rýže (ž)	[ri:ʒe]
boekweit (de)	pohanka (ž)	[pohaŋka]

erwt (de)	hrách (m)	[hra:x]
nierboon (de)	fazole (ž)	[fazolɛ]
soja (de)	sója (ž)	[so:ja]
linze (de)	čočka (ž)	[tʃotʃka]
bonen (mv.)	boby (m mn)	[bobɪ]

LANDEN. NATIONALITEITEN

147. West-Europa

| Europa (het) | Evropa (ž) | [ɛvropa] |
| Europese Unie (de) | Evropská unie (ž) | [ɛuropska: unɪe] |

Oostenrijk (het)	Rakousko (s)	[rakousko]
Groot-Brittannië (het)	Velká Británie (ž)	[vɛlka: brɪta:nɪe]
Engeland (het)	Anglie (ž)	[anglɪe]
België (het)	Belgie (ž)	[bɛlgɪe]
Duitsland (het)	Německo (s)	[nemɛtsko]

Nederland (het)	Nizozemí (s)	[nɪzozɛmi:]
Holland (het)	Holandsko (s)	[holandsko]
Griekenland (het)	Řecko (s)	[rʒɛtsko]
Denemarken (het)	Dánsko (s)	[da:nsko]
Ierland (het)	Irsko (s)	[ɪrsko]
IJsland (het)	Island (m)	[ɪslant]

Spanje (het)	Španělsko (s)	[ʃpanelsko]
Italië (het)	Itálie (ž)	[ɪta:lɪe]
Cyprus (het)	Kypr (m)	[kɪpr]
Malta (het)	Malta (ž)	[malta]

Noorwegen (het)	Norsko (s)	[norsko]
Portugal (het)	Portugalsko (s)	[portugalsko]
Finland (het)	Finsko (s)	[fɪnsko]
Frankrijk (het)	Francie (ž)	[frantsɪe]

Zweden (het)	Švédsko (s)	[ʃvɛ:tsko]
Zwitserland (het)	Švýcarsko (s)	[ʃvi:tsarsko]
Schotland (het)	Skotsko (s)	[skotsko]

Vaticaanstad (de)	Vatikán (m)	[vatɪka:n]
Liechtenstein (het)	Lichtenštejnsko (s)	[lɪxtɛnʃtɛjnsko]
Luxemburg (het)	Lucembursko (s)	[lutsɛmbursko]
Monaco (het)	Monako (s)	[monako]

148. Centraal- en Oost-Europa

Albanië (het)	Albánie (ž)	[alba:nɪe]
Bulgarije (het)	Bulharsko (s)	[bulharsko]
Hongarije (het)	Maďarsko (s)	[maďarsko]
Letland (het)	Lotyšsko (s)	[lotɪʃsko]

| Litouwen (het) | Litva (ž) | [lɪtva] |
| Polen (het) | Polsko (s) | [polsko] |

Roemenië (het)	Rumunsko (s)	[rumunsko]
Servië (het)	Srbsko (s)	[srpsko]
Slowakije (het)	Slovensko (s)	[slovɛnsko]

Kroatië (het)	Chorvatsko (s)	[xorvatsko]
Tsjechië (het)	Česko (s)	[tʃɛsko]
Estland (het)	Estonsko (s)	[ɛstonsko]

Bosnië en Herzegovina (het)	Bosna a Hercegovina (ž)	[bosna a hɛrtsɛgovɪna]
Macedonië (het)	Makedonie (ž)	[makɛdonɪe]
Slovenië (het)	Slovinsko (s)	[slovɪnsko]
Montenegro (het)	Černá Hora (ž)	[tʃɛrna: hora]

149. Voormalige USSR landen

| Azerbeidzjan (het) | Ázerbájdžán (m) | [a:zɛrba:jdʒa:n] |
| Armenië (het) | Arménie (ž) | [armɛ:nɪe] |

Wit-Rusland (het)	Bělorusko (s)	[belorusko]
Georgië (het)	Gruzie (ž)	[gruzɪe]
Kazakstan (het)	Kazachstán (m)	[kazaxsta:n]
Kirgizië (het)	Kyrgyzstán (m)	[kɪrgɪsta:n]
Moldavië (het)	Moldavsko (s)	[moldavsko]

| Rusland (het) | Rusko (s) | [rusko] |
| Oekraïne (het) | Ukrajina (ž) | [ukrajɪna] |

Tadzjikistan (het)	Tádžikistán (m)	[ta:dʒɪkɪsta:n]
Turkmenistan (het)	Turkmenistán (m)	[turkmɛnɪsta:n]
Oezbekistan (het)	Uzbekistán (m)	[uzbɛkɪsta:n]

150. Azië

Azië (het)	Asie (ž)	[azɪe]
Vietnam (het)	Vietnam (m)	[vjɛtnam]
India (het)	Indie (ž)	[ɪndɪe]
Israël (het)	Izrael (m)	[ɪzraɛl]

China (het)	Čína (ž)	[tʃi:na]
Libanon (het)	Libanon (m)	[lɪbanon]
Mongolië (het)	Mongolsko (s)	[mongolsko]

| Maleisië (het) | Malajsie (ž) | [malajzɪe] |
| Pakistan (het) | Pákistán (m) | [pa:kɪsta:n] |

Saoedi-Arabië (het)	Saúdská Arábie (ž)	[sau:dska: ara:bɪe]
Thailand (het)	Thajsko (s)	[tajsko]
Taiwan (het)	Tchaj-wan (m)	[tajvan]
Turkije (het)	Turecko (s)	[turɛtsko]
Japan (het)	Japonsko (s)	[japonsko]
Afghanistan (het)	Afghánistán (m)	[afga:nɪsta:n]
Bangladesh (het)	Bangladéš (m)	[bangladɛ:ʃ]

Indonesië (het)	Indonésie (ž)	[ɪndonɛːzɪe]
Jordanië (het)	Jordánsko (s)	[jordaːnsko]
Irak (het)	Irák (m)	[ɪraːk]
Iran (het)	Írán (m)	[iːraːn]
Cambodja (het)	Kambodža (ž)	[kambodʒa]
Koeweit (het)	Kuvajt (m)	[kuvajt]
Laos (het)	Laos (m)	[laos]
Myanmar (het)	Barma (ž)	[barma]
Nepal (het)	Nepál (m)	[nɛpaːl]
Verenigde Arabische Emiraten	Spojené arabské emiráty (m mn)	[spojɛnɛː arapskɛː ɛmɪraːtɪ]
Syrië (het)	Sýrie (ž)	[siːrɪe]
Palestijnse autonomie (de)	Palestinská autonomie (ž)	[palɛstɪnskaː autonomɪe]
Zuid-Korea (het)	Jižní Korea (ž)	[jɪʒniː korɛa]
Noord-Korea (het)	Severní Korea (ž)	[severniː korɛa]

151. Noord-Amerika

Verenigde Staten van Amerika	Spojené státy americké (m mn)	[spojɛnɛː staːtɪ amɛrɪtskɛː]
Canada (het)	Kanada (ž)	[kanada]
Mexico (het)	Mexiko (s)	[mɛksɪko]

152. Midden- en Zuid-Amerika

Argentinië (het)	Argentina (ž)	[argɛntɪna]
Brazilië (het)	Brazílie (ž)	[braziːlɪe]
Colombia (het)	Kolumbie (ž)	[kolumbɪe]
Cuba (het)	Kuba (ž)	[kuba]
Chili (het)	Chile (s)	[tʃɪlɛ]
Bolivia (het)	Bolívie (ž)	[boliːvɪe]
Venezuela (het)	Venezuela (ž)	[vɛnɛzuɛla]
Paraguay (het)	Paraguay (ž)	[paragvaj]
Peru (het)	Peru (s)	[pɛru]
Suriname (het)	Surinam (m)	[surɪnam]
Uruguay (het)	Uruguay (ž)	[urugvaj]
Ecuador (het)	Ekvádor (m)	[ɛkvaːdor]
Bahama's (mv.)	Bahamy (ž mn)	[bahamɪ]
Haïti (het)	Haiti (s)	[haɪtɪ]
Dominicaanse Republiek (de)	Dominikánská republika (ž)	[domɪnɪkaːnskaː rɛpublɪka]
Panama (het)	Panama (ž)	[panama]
Jamaica (het)	Jamajka (ž)	[jamajka]

153. Afrika

Egypte (het)	Egypt (m)	[ɛgɪpt]
Marokko (het)	Maroko (s)	[maroko]
Tunesië (het)	Tunisko (s)	[tunɪsko]
Ghana (het)	Ghana (ž)	[gana]
Zanzibar (het)	Zanzibar (m)	[zanzɪbar]
Kenia (het)	Keňa (ž)	[kɛnʲa]
Libië (het)	Libye (ž)	[lɪbɪe]
Madagaskar (het)	Madagaskar (m)	[madagaskar]
Namibië (het)	Namibie (ž)	[namɪbɪe]
Senegal (het)	Senegal (m)	[sɛnɛgal]
Tanzania (het)	Tanzanie (ž)	[tanzanɪe]
Zuid-Afrika (het)	Jihoafrická republika (ž)	[jɪhoafrɪtska: rɛpublɪka]

154. Australië. Oceanië

Australië (het)	Austrálie (ž)	[austra:lɪe]
Nieuw-Zeeland (het)	Nový Zéland (m)	[novi: zɛ:lant]
Tasmanië (het)	Tasmánie (ž)	[tasma:nɪe]
Frans-Polynesië	Francouzská Polynésie (ž)	[frantsouska: polɪnɛ:zɪe]

155. Steden

Amsterdam	Amsterodam (m)	[amstɛrodam]
Ankara	Ankara (ž)	[aŋkara]
Athene	Atény (ž mn)	[atɛ:nɪ]
Bagdad	Bagdád (m)	[bagda:t]
Bangkok	Bangkok (m)	[bangkok]
Barcelona	Barcelona (ž)	[barsɛlona]
Beiroet	Bejrút (m)	[bɛjru:t]
Berlijn	Berlín (m)	[bɛrli:n]
Boedapest	Budapešť (ž)	[budapɛʃtʲ]
Boekarest	Bukurešť (ž)	[bukurɛʃtʲ]
Bombay, Mumbai	Bombaj (ž)	[bombaj]
Bonn	Bonn (m)	[bonn]
Bordeaux	Bordeaux (s)	[bordo:]
Bratislava	Bratislava (ž)	[bratɪslava]
Brussel	Brusel (m)	[brusɛl]
Caïro	Káhira (ž)	[ka:hɪra]
Calcutta	Kalkata (ž)	[kalkata]
Chicago	Chicago (s)	[tʃɪka:go]
Dar Es Salaam	Dar es Salaam (m)	[dar ɛs sala:m]
Delhi	Dillí (s)	[dɪli:]
Den Haag	Haag (m)	[ha:g]

Dubai	Dubaj (m)	[dubaj]
Dublin	Dublin (m)	[dublɪn]
Düsseldorf	Düsseldorf (m)	[dɪsldorf]
Florence	Florencie (ž)	[florɛntsɪe]
Frankfort	Frankfurt (m)	[fraŋkfurt]
Genève	Ženeva (ž)	[ʒenɛva]
Hamburg	Hamburk (m)	[hamburk]
Hanoi	Hanoj (m)	[hanoj]
Havana	Havana (ž)	[havana]
Helsinki	Helsinky (ž mn)	[hɛlsɪŋkɪ]
Hiroshima	Hirošima (ž)	[hɪroʃɪma]
Hongkong	Hongkong (m)	[hoŋkong]
Istanbul	Istanbul (m)	[ɪstanbul]
Jeruzalem	Jeruzalém (m)	[jɛruzalɛ:m]
Kiev	Kyjev (m)	[kɪef]
Kopenhagen	Kodaň (ž)	[kodanʲ]
Kuala Lumpur	Kuala Lumpur (m)	[kuala lumpur]
Lissabon	Lisabon (m)	[lɪsabon]
Londen	Londýn (m)	[londi:n]
Los Angeles	Los Angeles (s)	[los ɛnʒɛlis]
Lyon	Lyon (m)	[lɪon]
Madrid	Madrid (m)	[madrɪt]
Marseille	Marseille (ž)	[marsɛj]
Mexico-Stad	Mexiko (s)	[mɛksɪko]
Miami	Miami (s)	[majamɪ]
Montreal	Montreal (m)	[monrɛal]
Moskou	Moskva (ž)	[moskva]
München	Mnichov (m)	[mnɪxof]
Nairobi	Nairobi (s)	[najrobɪ]
Napels	Neapol (m)	[nɛapol]
New York	New York (m)	[nju: jork]
Nice	Nizza (ž)	[nɪtsa]
Oslo	Oslo (s)	[oslo]
Ottawa	Otava (ž)	[otava]
Parijs	Paříž (ž)	[parʒi:ʃ]
Peking	Peking (m)	[pɛkɪŋk]
Praag	Praha (ž)	[praha]
Rio de Janeiro	Rio de Janeiro (s)	[rɪodɛʒanɛ:ro]
Rome	Řím (m)	[rʒi:m]
Seoel	Soul (m)	[soul]
Singapore	Singapur (m)	[sɪngapur]
Sint-Petersburg	Sankt-Petěrburg (m)	[saŋkt-pɛterburg]
Sjanghai	Šanghaj (ž)	[ʃangxaj]
Stockholm	Stockholm (m)	[stokholm]
Sydney	Sydney (s)	[sɪdnɛj]
Taipei	Tchaj-pej (s)	[taj-pɛj]
Tokio	Tokio (s)	[tokɪo]
Toronto	Toronto (s)	[toronto]

Venetië	**Benátky** (ž mn)	[bɛnaːtkɪ]
Warschau	**Varšava** (ž)	[varʃava]
Washington	**Washington** (m)	[voʃɪnkton]
Wenen	**Vídeň** (ž)	[viːdɛnʲ]

www.ingramcontent.com/pod-product-compliance
Lightning Source LLC
Chambersburg PA
CBHW070559050426
42450CB00011B/2908